宋·周去非 撰

嶺外代答

中國書店

詳校官檢討臣德生

臣紀昀覆勘

欽定四庫全書　史部十一

提要　地理類雜記之屬

嶺外代答十卷

臣等謹案嶺外代答十卷宋周去非撰去非字直夫永嘉人隆興癸未進士淳熙中官桂林通判是書即作於桂林代歸之後自序謂本范成大桂海虞衡志而益以耳目所見聞錄存二百九十四條蓋因有問嶺外事者倦

於應酬書此示之故曰代答原本分二十門今有標題者凡十九門一門存其子目而佚其總綱所言則軍制户籍之事也其書條分縷晰視嵇含劉恂段公路諸書叙述為詳所紀西南諸夷多据當時譯者之詞音字未免舛訛而邊帥法制財計諸門實足補正史所未備不但紀土風物産徒為談助已也書録解題及宋史藝文志並作十卷永樂大典所

載併為二卷葢非其舊今從原目仍析為十卷云乾隆四十五年九月恭校上

總纂官臣紀昀臣陸錫熊臣孫士毅

總校官臣陸費墀

欽定四庫全書

嶺外代答目録

卷一

地里　邊帥

卷二

外國上

卷三

外國下　一門原脱標題

志異

燕魚

古槐

芳千

金剛

芳八

外本

志本

金谷

嶺外代答原序

入國問俗禮也矧嘗仕焉而不能舉其要廣右二十五郡俗多夷風而疆以戎索海北郡二十有一其列于西南方者蜿蜒若長蛇實與夷中六詔安南為境海之南郡又内包黎獠遠接黄支之外僕試尉桂林分教寧越蓋長邊首尾之邦疆埸之事經國之具荒忽誕漫之俗瑰詭譎恠之産耳目所治與得諸學士大夫之緒談者亦云廣矣蓋嘗隨事筆記得四百餘條秩滿束擔東歸

邂逅與他書棄遺置勿復稱也廼親故相勞苦問以絶域事驟莫知所對者蓋數數然至觸事而談或能舉其一二事類多而臆得者浸廣晚得范石湖桂海虞衡志又於藥裹得所抄名數因次序之凡二百九十四條應酬倦矣有復僕問用以代答雖然異時訓方氏其將有考於斯淳熙戊戌冬十月五日永嘉周去非直夫記

欽定四庫全書

嶺外代答卷一

宋 周去非 撰

地里門

百粤故地

自秦皇帝并天下伐山通道略定揚粤為南海桂林象郡令之西廣秦桂林是也東廣南海也交阯象郡也漢武帝平南海離秦桂林為二郡曰鬱林蒼梧離象郡為三曰交阯九真日南又稍割南海象郡之餘壤為合浦

郡乃自徐聞渡海略取海南為朱崖儋耳二郡置刺史于交州漢分九郡視秦若多其統之則一交州刺史耳至吳始分為二於是交廣之名立焉時交治龍編廣治番禺唐太宗分天下為十道合交廣為一置採訪使于番禺其規模猶漢時唯帥府易地也髙宗始置安南都護府于交州本朝皇祐中置安撫經略使于桂州西道帥府始于此至今八桂番禺龍編鼎峙而立復秦之故云

並邊

廣西西南一方皆迫化外令甲邕宜欽廉融瓊州吉陽萬安昌化軍靜江府係沿邊柳賓貴橫鬱林化雷係次邊總廣西二十五州而邊州十七靜江屬縣半抵猺峒猺峒者五陵蠻之别也自靜江稍西南曰融州其境控扼王江樂善宜良丈盈洪源從允牂牁夜郎諸蠻自融稍西南曰宜州宜處羣蠻之腹有南丹州安化三州一鎮荔波贏河五峒茅灘撫水諸蠻南丹者所謂莫大王

者也自宜稍西南曰邕州邕境極廣管溪峒羈縻州縣洞數十右江直西南其外則南詔也左江直正南其外則安南也自邕稍東南曰欽州欽之西南接境交阯陸則限以七洞水則舟楫日通自欽稍東曰廉州廉之海直通交阯自廉東南渡海曰瓊州萬安昌化吉陽軍中有黎母山環山有熟黎生黎若夫浮海而南近則占城諸蕃遠則接于六合之外矣

廣西省併州

廣西地帶蠻夷山川曠遠人物稀少事力微薄一郡不當浙郡一縣異時偏方割據境土褊小故並建荒為州縣而務觀美逮夫正統有歸六合混一乃省併晏州荔州今靜江府荔浦縣是也龍州今梆州龍城縣是也鸞州今藤州鐔津縣是也皆廢於唐之貞觀溥州今靜江府興安縣也廢於本朝之乾德嚴州今象州之來賓縣也澄州今賓州上林縣也蠻州今橫州永淳縣也牢州黨州今鬱林州南流縣也南儀州今藤州岑溪縣也繡

州今容州普寧縣也禺州北流縣也順州陸川縣也潘州今高州茂名縣也南亭州玉州今欽州靈山縣也姜州今廉州合浦縣也皆廢於開寶珠州今融州融水縣也鎮寧州今宜州帶溪寨也竇州今高州信宜縣也棠州今昭州立山縣也皆廢於熙寧龔州今潯州平南縣也平州今融州懷遠縣也白州今鬱林州博白縣也觀州今宜州高峯寨也溪州馴州叙州今宜州北遐鎮思立寨也皆廢於紹興夫州大矣廢而為縣若寨不又加

大焉又有不專縣寨者顧有廢二州而僅成一縣且或為鎮寨或廢一州而併入近縣者然則昔之為州無乃強名乎

五嶺

自秦世有五嶺之說皆指山名之考之乃入嶺之途五耳非必山也自福建之汀入廣東之循梅一也自江西之南安踰大庾入南雄二也自湖南之郴入連三也自道入廣西之賀四也自全入靜江五也乃若漳潮一路

非古入嶺之驛不當備五嶺之數桂林城北二里有一
坵高數尺植碑其上曰桂嶺及訪其實乃賀州實有桂
嶺縣正爲入嶺之驛全桂之間皆是平陸初無所謂嶺
者正秦漢用師南越所由之道桂嶺當在臨賀而全桂
之間實五嶺之一途也

湖廣諸山

南方多佳山竊謂其本根自衡山來勢如木之有餘枝
條枚也東南一幹爲廣東之韶石雲關參天鐘簴據地

望之使人肅然想有虞張樂之盛綿延至英州羣峯玉立堅潤而秀乃其枝柯也散布為德慶之三洲巖惠之羅浮山與其他不知名之奇山又其條枚也西南一幹發為道之九嶷崢嶸峻極峯岫挺異縈紆盤礴悃不可測綿延為桂林之山羣峯拔地森立四野亦皆其枝柯也至伏地而行乎黃茅赤土之下突出為西融州之老君洞天容之勾漏洞天濤之白石洞天茲亦其條枚也東南方至陽天地之美具焉草木之生必向榮於南枝

衡山之陽亦由是耳

桂山

山谷詩云桂嶺連城如雁蕩平地蒼玉忽嵯峨唐人謂兩地不如陽朔好碧蓮峯裏住人家雁山屢遊矣桂山得雁山之秀雁山不若桂山之多若置諸大龍湫龍臯泉之側則雄偉之氣亡矣桂山之髙曾不及雁山之半故無尊雄之勢謂可與相頡頏者過矣乃若陽朔諸山唯新林鋪左右十里内極可賞愛青山緑水團欒映帶

烟霏不斂空翠撲人面面相屬人住其間真住蓮花心也桂林負郭諸山頗不及耳夫其尖翠特立無不拔地而起綿延數百里望之不見首尾亦云盛哉

桂林巖洞

石湖嘗評桂山之奇宜為天下第一及攷唐韓退之詩云水作青羅帶山如碧玉篸栁子厚訾家洲記云桂州多靈山發地峭豎林立四野覩前人品題桂林之意端不誣矣山皆中空故峯下多佳巖洞神刓鬼刻高者憑

崖如化城下者穿隧若水府大者可建五丈旗小者猶可容十客或浮為洲渚或內通舟楫去城不過七八里近二三里几杖間可以徧覽巖穴有名可紀者三十餘所今述於後巖則曰讀書曰疊綵曰伏波曰龍隱曰劉仙曰屏風曰佛子曰雉巖洞則曰白龍曰華景曰水月曰龍隱曰棲霞曰元風曰曾公曰南潛曰北潛曰隱山六洞曰虚秀曰石乳峯則曰立魚曰獨秀其他不可枚數矣案石湖桂海虞衡志所載巖洞與此同惟白龍乃洞名龍隱則巖洞俱有又有虚秀無靈秀此本舊

有錯悞今俱改正

靈巖

洞穴有水然後稱奇桂林諸洞無慮百所率近在城外數里俱有可觀若水東之曾公巖興安之石乳洞皆有流水自洞而出施直橋橫檻其上遨遊者得以徙倚其間異於他洞者空明幽邃而已雖然未若城南之水月洞泉江之龍隱巖也水月中通形如半規江流貫之中有石橋可以觴客龍隱修曲而高明江流貫之鼓棹而

入仰視洞頂天矯乎真龍之脊脅也范石湖謂二洞奇
賞絕世融州老君洞亦通川流中有小洲其旁髙岑有
乳石滴成老君之形鬚眉衣冠無一不具張于湖榜曰
天下第一真仙之洞以是知凡洞必以川流為貴也雖
然二賢所賞水深數尺廣纔丈餘耳若夫桂之靈川縣
有靈巖者二賢未知也是巖也大江洞其腹水闊二十
丈深當倍之余嘗攝邑靈川天久不雨往禱於巖方舟
造洞遥望大江平闊直抵山根横有一線之光邇而望

之乃知洞穴表裏明徹而然也即其洞口水面㸃㸃正將枕山不可得入者舟子擊水伏而進仰視洞頂與水面相去纔丈餘水與洞頂皆平如掌舟入漸深楫聲隱隱震動固已駭人心目人聲一發山水皆應大音叱咤洞虚砉裂當巖之中洞頂穹窿如寶盖然其下即神龍所居也余㰱板焚香亟者以修綆下瓶汲深奉之以歸輙有感應是江也西通猺峒日寫良材貫巖而下水深不可施篙撑拄巖頂而後得出余求之事實謂此江古

來遠出山外忽雷雨數日神龍穿破山腹以定窟宅遂命曰靈巖縣曰靈川亦以是得名今洞旁山嘴尚有故江跡存噫此巖水色沉碧雄深嚴靜人至其間若有神靈左右之者誠非遊觀之地去城三十里不若諸洞之邇於人所以未蒙賞音惜哉

羅叢巖

羅叢巖在潯州西南六十里巖中明快可容數百人每遇重九合鄰郡之人而集焉以為登高之樂巖内有三

聖殿殿側有石鐘其大合抱自然天成殿東則有碧虛洞由石穴而入通行平坦其屈曲約半里餘出于巖之東洞內則有石佛石磬石獅子石牀石鐘殿西則有靈源洞由石穴而入通行平坦其屈曲約一二里出于巖之西洞內則有石羅漢石象石馬石魚石筍石鼓凡遊兩洞者必秉火炬以觀聯巖之外西則有水月巖約深數丈約闊十五丈泉源清徹四時不涸中有異魚存焉巖口則有龍王殿入巖中則有觀音堂或遇歲旱里人

禱之甘雨必應由大巖之中皆用石板平砌而出巖門則有鐘樓樓之西倚巖則以石甃高數丈為方丈樓之外則有三門門之外則有超然亭亭之左右則有石板為路連亘一二里四圍皆植松竹實濤之勝槩云

黎母山

海南四州軍中有黎母山其山之水分流四郡熟黎所居半險半易生黎之處則已阻深然皆環黎母山居耳若黎母山巔數百里常在雲霧之上雖黎人亦不可至

也秋晴清澄或見尖翠浮空下積洪濛其上之人壽考
逸樂不接人世人欲窮其高徃徃迷不知津而虎豹守
險無路可攀但見水泉甘美耳此豈蜀之菊花潭老人
村之類耶

廣西水經

凡廣西諸水無不自蠻夷中來靜江水曰灕水其源雖
自湘水來然湘水北行秦史祿决為支渠南注之融江
而融江實自猺峒來漢武帝平南越發零陵下灕水葢

泝湘而上沿支渠而下入融江而南也灕水自桂歷昭而至蒼梧融州之水牂牁江是也其源自西南夷中來武帝發夜郎下牂牁即出此也宜州之水自南丹州合集諸蠻溪谷而來東合於牂牁歷柳歷象而至潯邕州之水其源有二一為左江自交阯來一為右江自大理國戚楚府大槃水來江合於邕歷橫歷貴與牂牁合於潯而東行歷藤而與灕水合於蒼梧蒼梧者諸水之所會名曰三江口實南越之上流也水自是安行入於南

海矣

牂牁江

西融州城外江水即牂牁江之下流也江面頗闊昔嘗有大水泛出蜀南州牌漢武平南越發夜郎下牂牁非由融州則何自而至南越哉今靜江府桑江寨其水亦合於融江之上流或云桑江亦牂牁音之訛也大抵融州之西為蜀之南地本連接但隔於蠻猺不可通耳

靈渠

湘水之源本北出湖南融江本南入廣西其間地勢最高者靜江府之興安縣也昔始皇帝南戍五嶺史祿於湘源上流灕水一派鑿渠踰興安而南注于融以便於運餉蓋北水南流北舟踰嶺可以為難矣祿之鑿渠也於上流砂磧中疊石作鏵嘴鋭其前逆分湘水為兩依山築堤為溜渠巧激十里而至平陸遂鑿渠遶山曲凡行六十里乃至融江而俱南今桂水名灕者言離湘之一派而來也曰湘曰灕往往行人於此銷魂自鏵嘴分

水入渠循堤而行二里許有洩水灘苟無此灘則春水怒生勢能害堤而水不南以有灘殺水猛勢故堤不壞而渠得以溜湘餘水緩達于融可以為巧矣渠水遶迤興安縣民田頼之深不數尺廣可二丈足泛千斛之舟渠内置斗門三十有六每舟入一斗門則復閘之俟水積而舟以漸進故能循崖而上建瓴而下以通南北之舟楫嘗觀禄之遺跡竊嘆始皇之猜忍其餘威能罔水行舟萬世之下乃頼之豈唯始皇禄亦人傑矣因名曰

靈渠

癸水

灕水自癸方來直抵靜江府城東北角遂並城東而南古記云賴有癸水遶東城永不見刀兵又有石記云湘南南粤北此地居然自牛肋直饒四面血成池一騎刀兵入不得五代靖康之亂大盜满四方獨不至靜江風水之説固有驗矣昔於城東北角溝灕水遶城而西復南東合于灕厥後居民壅之溝遂廢范石湖帥桂乃浚

斯溝漣漪如帶於溝口伏波巖之下八桂堂之前剏為危亭名以癸水此溝未廢桂人屢有登科既廢二十年間幾類天荒石湖以淳熙甲午復溝乙未科果有蔣汝霖戊戌科有蔣來叟辛丑科二人登科今石湖癸水亭記但言癸水之為樂土福地耳復溝之效未續論也

龍門

潯象之間有龍門春水大至鱘鰉大魚自海逆流而上漁師於龍門之下廻瀾之中設網橫江舉而得之有嘲

之者曰是殆南選之龍門也蒼梧上流亦有龍門灘其形勢甚可畏

象山

象州郡治西樓正面西山山腹忽起白雲狀如白象移時不滅然不可常見案秦象郡乃交阯非象州也今象州城門乃畫一白象不審何義然象州自昔不遭兵革凡有大盜皆相戒以不宜犯象皐然則城門之畫象豈謂此耶

天威遥

欽之士人曾果得唐人天威遥碑文義駢儷誠唐文也碑旨言安南静海軍地皆濱海海有三險巨石屹立鯨波觸之晝夜震洶漕運之舟涉深海以避之少為風引遵崖而行必瓦碎折三險之下而陸有川遥頑石梗斷焉伏波嘗加功力迄不克就厥後守臣屢欲開鑿以便漕運錐钁一下火光煜然高駢節度安南齋戒禱祠將施功焉一夕大雨震雷於石所者累日人自分淪没矣

既霽則頑石破碎水深丈餘旁有一石猶存未可通舟
駢又虔禱俄復大雨震電悉碎餘石遂成巨川自是舟
運無艱名之曰天威遙退而求諸傳載天威遙事略同
但不若是詳爾

天分遙

欽江南入海凡七十二折南人謂水一折為遙故有七
十二遙之名七十二遙中有水分為二川其一西南入
交阯海其一東南入瓊廉海名曰天分遙人云五州昔

與交阯定界於此言若天分然也今交阯於天分遂巳
自占又於境界數百餘里吳婆竈之東以立界標而採
捕其下欽人舟楫少至焉

三合流

海南四郡之西南其大海曰交阯洋中有三合流波頭
濆湧而分流為三其一南流通道于諸蕃國之海也其
一北流廣東福建江浙之海也其一東流入於無際所
謂東洋洋海也南舶往來必衝三流之中得風一息可

濟茍入險無風舟不可出必瓦解於三流之中傳聞東大洋海有長砂石塘數萬里尾閭所洩淪入九幽昔嘗有舶舟為大西風所引至于東大海尾閭之聲震洶無地俄得大東風以免

象鼻砂

欽連海中有砂磧長數百里在欽境烏雷廟前直入大海形若象鼻故以得名是砂也隱在波中深不數尺海舶遇之輙碎去岸數里其磧乃闊數丈以通風帆不然

欽殆不得而水運矣嘗聞之舶商曰自廣州而東其海易行自廣州而西其海難行自欽廉而西則尤為難行蓋福建兩浙濱海多港忽遇惡風則急投近港若廣西海岸皆砂土無多港澳暴風卒起無所逃匿至於欽廉之西南海多巨石尤為難行觀欽之象鼻其端倪已見矣

天涯海角

欽州有天涯亭廉州有海角亭二郡蓋南轅窮途也欽

遠於廉則天涯之名甚於海角之可悲矣斯亭並城之東地勢頗高下臨大江可以觀覽昔余襄公守欽為直釣軒於亭之東偏即江濱之三石命曰釣石醉石卧石富為吟詠載在篇什

潮

江浙之潮自有定候欽廉則朔望大潮謂之先水日止一潮二弦小潮謂之子水頃刻竟落未嘗再長瓊海之潮半月東流半月西流潮之大小隨長短星初不係月

之盛衰豈不異哉

邊帥門

廣西經略安撫使

漢帥府在交州唐在廣州天寶中嶺南桂容邕交與廣咸屬廣州採訪昭宗始陞桂管為節度本朝皇祐中儂智高平詔狄青分廣西邕宜融為三路用武臣充知州兼本路安撫都監而置經略安撫使于桂州選兩制以上官為知州兼領使事於是八桂遂為西路雄府矣厥

後罷邕宜融為郡宜融州守臣兼本路兵馬都監邕守
兼本路安撫都監沿邊守臣並帶溪峒都廵檢使盡隷
于經略安撫使帥府既内兼西南數十州之重外鎮夷
蠻幾數百族事權不得不重矣廣西諸郡凡有邊事不
申憲漕唯申經略司此昔日陝西制也

瓊州兼廣西路安撫都監

漢武帝斬南越遣使自徐聞渡海略地置珠崖儋耳二
郡今雷州徐聞縣遞角場直對瓊管一帆濟海半日可

到即其所由之道也元帝時以海道閉絶棄之梁復置崖州隋時領縣十是時海南止一州耳唐貞觀五年置瓊州今瓊管靖海軍節度是也武德五年置儋州今昌化軍龍朔二年置萬安州今萬安軍武德五年置振州後改曰崖州今吉陽軍四州軍乃海上一洲耳中有黎母大山四州軍環處其四隅地方千里路如連環欲歷其地非一月不可遍瓊管再渡海至吉陽所謂再涉鯨波者也夫廣西去朝廷固遠矣海外州軍又加遠焉不

得不置小帥以臨之瓊守權能擿發四州軍官吏令兼本路安撫都監提轄海外逐州軍公事良以此也

邕州兼廣西路安撫都監

自唐分天下為十道二廣不分東西天寶中始置邕州經略使懿宗始陞邕管為西道節度使本朝皇祐中儂智高平詔狄青分廣邕宜融為三路守臣兼本路兵馬都監而置經略安撫使于桂州以統之今邕守兼本路安撫都監州為建武軍節度有左右兩江左江在其南

外抵安南國右江在西南外抵六詔諸蠻兩江之間管羈縻州峒六十餘州為內地藩而內宿全將五千人以鎮之凡安南國及六詔諸蠻有疆埸之事必由邕以達而經略安撫之諮詢邊事亦唯邕是賴朝廷南方馬政專在邕邊方珍異多聚邕矣

宜州兼廣西路兵馬都監

廣西控扼夷蠻邕屯全將宜屯半將本朝皇祐間分宜州為一路帥所統多夷州後罷為郡令守臣猶兼廣西

都監為慶遠軍節度宜之西境有南丹州安化三州一鎮又有撫水五峒龍河茅灘荔波等蠻及陸家砦其外有龍羅方石張五姓謂之淺蠻又有西南韋蕃及蘇綺羅坐夜回（按桂海虞衡志作面）計利流求謂之生蠻其外又有羅殿毗那大蠻皆有徑路直抵宜城宜之境上舊有觀溪馴敘四州乃昔之邊也權力弱不足以為邊紹興四年罷為寨今宜有高峯帶溪北遐思立鎮寧五寨是也高峯一寨古之觀州正抵南丹其或犯邊高峯則其咽喉

宜之府庫月支南丹安化諸峒錢米鹽料有差

融州兼廣西路兵馬都監

大觀初置融州為黔南經略使所管皆吏州帥府地狹割郴之郴城宜之天河桂之古縣以益之厥後罷融為郡三縣復仍其舊至今黔南郡司官屬朱記在靜江府軍資庫融州城下江即牂牁江也江之上流與王江合王江之間羣猺居之又其上流羣蠻居之猺即五陵溪之别也蠻則諸葛亮所征漢武帝所開者也在融則外

置列寨以備之融守兼廣西都監為清遠軍節度每歲

聖節蠻酋赴宴頗多舊曰帥府規模尚可觀矣

欽廉溪峒都廵檢使

欽廉皆號極邊去安南境不相遠異時安南舟楫多至

後為溺舟乃更來欽今廉州不管溪峒猶帶溪峒職事

者蓋為安南備爾廉之西欽也欽之西安南也交人之

來率用小舟既出港遵崖而行不半里即入欽港正使

至廉必越欽港亂流之際風濤多惡交人之至欽也自

其境永安州朝發暮到欽於滃口置抵棹寨以誰何之
近境有木龍渡以節之沿海巡檢一司迎且送之此其
備諸海道者也若乃陸境則有七峒於如昔峒置戍以
固吾圉

欽定四庫全書

嶺外代答卷二　宋　周去非　撰

外國門上

安南國

交阯本秦象郡漢唐分置已見於百粵故地首篇境内僞置四府十三州三寨府曰都護大通清化富良州曰永安永泰萬春豐道太平清化乂安遮風茶盧安豐蘇州茂州諒州寨曰和寧大盤新安大抵清化遮風乂安

永安皆邉海而永安與欽州為境茶盧與占城為境蘇州茂州皆與邕管為境其國東西皆大海東有小江過海至欽廉西有陸路通白衣蠻南抵占城北抵邕管自欽西南舟行一日至其永安州由玉山大盤寨過永泰萬春即至其國都不過五日自邕州左江永平寨南行入其境机榔縣過烏皮桃花二小江至湳定江亦名富良江凡四日至其國都乃郭達師所出也又自太平寨東南行過丹特羅江入其諒州六日至其國都若自右

江温潤寨入其國則迂矣交人自謂至其國曰曰入峒謂吾民曰上京地里止此而文移動以數月蓋故為遷延以示道里之遠國初其部内亂有丁都領按宋史作部領者與其子璉率衆討平之衆立為帥三年而私命璉為節度使開寶六年璉遣使貢方物制以璉特進檢校太師充靜海軍節度觀察處置等使安南都護兼御史大夫上柱國濟陰郡開國公仍賜推誠順化功臣八年又封交阯郡王璉死黎桓按原本作亘避欽宗諱今依宋史改正篡立太平興

國中桓以交州叛朝廷因以撫之桓死子至忠立大中
祥符三年至忠卒有子才十歲李公蘊冒姓黎殺之自
稱留後遣使請命授以黎氏官公蘊死子德政立來告
哀自稱留後天聖六年授安南都護交阯郡王寶元初
進南平王德政死子日遵立自稱大越國李氏第三帝
日遵死子乾德立自號明王乾德初立權移臣下大臣
李上吉首建叛議而廣西白州進士徐伯祥者有功于
州不得官導以犯邕𨻶邕欽廉三州朝廷遣郭逵致討

幾覆其國乃以表乞降會王師大疫遂受表班師時熙寧八年也乾德死有遺腹子在占城奉而立之曰天祚按宋史紹興二年乾德卒子陽煥嗣八年陽煥卒子天祚嗣此有誤紹興二十六年入貢乾道癸巳朝旨符廣西帥司下交阯買馴象天祚因乞以象貢許之未入貢而天祚死嗣子龍翰不以聞而冒天祚名稱貢封為安南國王既受封乃以天祚名乞國印及上天祚遺表朝廷命廣西提刑廖遽為使至欽州弔祭復立龍翰為安南國王其國僭偽自李日尊始僭

謚其祖曰太祖神武自號曰大越國僞年曰天貺繼以十八字尊號乾德立乃犯邊朝廷遣郭逵為招撫使趙髙副之進至湳定江乾德奉表請降納之觕為法制雖曰甚鄙而上下頗安之母妻皆稱后子皆稱太子本族稱大王族長稱承嗣餘族稱支嗣其官有内外職内職治國官之長曰輔國太尉猶宰相也外職治兵官之長曰樞密使金吾太尉都領兵其文移至邊有判安南都護府者亦外職也其入仕之途或任子或取士或以資

有御龍武勝等八軍皆有左右每軍二百人橫刺字於額曰天子兵又有雄略勇健等九軍以充給使其宫室有水精宫天元殿制皆僭擬别有一樓牓曰安南都護府屋其國最重科舉凡入貲先為吏叙遷至書狀又入貲為保義郎即可為知州矣凡蒞官不支俸唯付以一方之民俾得屬役耕漁以取利兵士月一更暇則耕種自給歲正月七日每一兵支錢三百紬絹布各一匹兵士月給禾十束元日以大禾飯魚鮓犒軍蓋其境土多

占禾故以大禾為元日之犒正月四日國王宴官僚七月五日號大節人民相慶官僚以生口獻王王次日宴酬之門前有樓置大鐘為民訴冤為盜者斷手足指背國逃亡者斷手足謀叛者埋身露頭旁植勁竹挽竿繫首以利刃剗之首欻起揭竿標矣欽州探海往其部永安州投公文不容民間交語館之驛亭速遣出境防之甚密其國入貢自昔由邕或欽入境蓋先遣使議定移文經略司轉以上聞有旨許其來則專使上京不然則

否舊制安南使者班在高麗上建炎南渡李天祚乞入貢朝廷嘉其誠優詔答之紹興二十六年乞入貢許之乃遣使由欽入正使安南右武大夫李義嗣安南武翼郎郭應以五象充常進綱外更進昇平綱以安南太平州刺史李國為使所獻方物甚盛表章皆金字貢金器凡一千二百餘兩以珠寶飾之者居半貢珍珠大者三顆如茄子次六顆如波羅蜜核次二十四顆如桃核次十七顆如李核次五十顆如棗核凡一百顆以金瓶盛

之貢沈香一千觔翠羽五十隻深黃盤龍緞子八百五十匹御馬六匹鞍轡副之常進馬八匹馴象五頭二綱衙官各五十人使者頗以所進盛多自矜後乞入貢朝廷輒却之乾道九年朝旨符廣西下安南買馴象天祚因乞以象貢許之以五象進奉大禮正使安南丞議郎李邦正副安南忠翊郎阮文獻又以十象賀登寶位安南中衛大夫尹子思為使自邕州右江永平寨入象綱所過州縣類有宴犒夫脚象屋之費而諸郡兵衛單弱

不足以聳外夷比至靜江見逬卒鎧甲之盛進退行伍之肅使者失聲嘆曰吾至此方見大朝威儀參府之次就戟門外上下馬庭參甚恭時范石湖為帥屬威嚴以臨之而盛其犒宴饋遺視紹興二十六年禮遇頗殺使者不敢較也帥司津遣入朝李邦正題詩郵亭有此去優成賜國名之句比到闕偶得賜國之寵使者滿意而歸過靜海復庭參致謝乞自欽州歸國許之比至欽留兩月其國以舟楫旗幟逬之而歸是役也貢象之外附

貢金銀洗盤犀角象齒沉箋之屬計所直不滿二三萬緡似非紹興入貢之盛而其國掃府庫僅能集事朝廷賜予優厚復叨異恩交使衙官百人所過州縣批券得米以充粮食得錢則人日給十文餘皆藉歸國一路州縣應副夫脚八百人擎負貢物者固無幾而皆為使者貿販至都象實能浮象奴所至水津索舟以載得錢然後驅以濟押伴官如加禮使者愈慢後不加禮乃聽命既僥倖賜國復有乞印之舉其後謝賜繼至欽又數乞

入貢莫之許矣其國人烏衣黑齒椎髻徒跣無貴賤皆然其酋平居亦然但珥金簪上黃衫下紫裙耳其餘平居上衣則上繫幡領皁衫四裙如背子名曰四顛下衣則皁裙也或珥鐵簪或曳皮履手執鶴羽扇頭戴螺笠其文身如銅鼓款式其軍人橫刺字於額曰天子兵其婦人乃皙白異於男子皁裙男子之盡飾也以香膏沐髮如漆裹烏紗巾項圓而小自額以上細褶如縫上徽於項身着大幡領皁衫加於小幡領衫之上足加鞋襪

遊於衢路與吾人無異但其巾可辨耳其來投文書也紫袍象笏趨拜雍容使者之來文武官皆紫裙紅鞋通犀帶無魚自貢象之後李拜正再使來欽乃加金魚甚長大其俗之轎如布囊而使者至欽則乘涼轎雨晴皆用之

海外黎蠻

海南有黎母山内為生黎去州縣遠不供賦役外為熟黎耕省地供賦役而各以所隸於四軍州黎質直獷

悍不受欺觸本不為人患熟黎多湖廣福建之姦民也
狡悍禍賊外雖供賦于官而陰結生黎以侵省地邀掠
行旅居民官吏經由村峒多舍其家峒中有王二娘者
黎之酋也夫之名不聞家饒於財善用其衆力能制服
羣黎朝廷賜封宜人瓊管有令於黎峒必下王宜人無
不帖然二娘死女亦能繼其業昔崇寧中王祖道經略
廣西撫定黎賊九百七峒結丁口六萬四千開通道路
一千二百餘里自以為漢唐以來所不臣之地皆入版

圖官僚皆受厚賞淳熙元年五指山生黎峒首王仲期率其旁八十峒丁口一千八百二十人歸化諸峒首王仲文等八十一人詣瓊管公參就顯應廟研石歃血約誓改過不復抄掠瓊管犒遣歸峒大抵黎俗多猜客來不遽見之而於隙間窺客儼然不動然後遣奴出布席客即席坐移時主乃出見一交一談少焉置酒先以惡穢味嘗客客忌食不疑則喜繼以牛酒否則遣客其親故聚會椎鼓歌舞三杯後謂去備猶以弓刀置身側也

性好讐殺謂之作拗遇親戚之仇即械繫之要牛酒銀瓶謂之贖命婚姻以折箭為信商旅在其家黎女有不潔者父母反對鄰里誇之其親死殺牛以祭不哭不飯唯食生牛肉其葬也舁櫬而行前一人以雞子擲地不破即吉地也居處皆栅屋土産名香檳榔椰子小馬翠羽黄蠟蘇木吉貝之屬四州軍征商以為歲計商賈多販牛以易香黎裝椎髻徒跣裸袒而腰繚吉貝首珥銀釵或銅或錫首或以絳帛綵帛包髻或帶小花笠或加

雞尾而皆簪銀篦二枝亦有着短織花裙者熙寧中王祖道撫定黎峒其酋亦有補官今其孫尚服錦袍銀束帶蓋其先世所受賜而服之云猺人執黎弓垂箭箙戴兜鍪佩黎刀刀刃長二尺而柄甚長以白角片長尺許如雞尾為靶之飾兜鍪織藤為之其婦人髙髻繡面耳帶銅環垂墜至肩衣裙皆吉貝五色爛然無有袴襦徒繫裙數重裙製四圍合縫以足穿之而繫諸腰羣浴于川黎人半能漢語十百為羣變服入州縣墟市人莫辨

焉日將晚或吹牛角為聲則紛紛聚會結隊而歸始知其為黎也

海外諸蕃國

諸蕃國大抵海為限界各因方隅而立國國有物宜各從都會以阜通正南諸國三佛齊其都會也東南諸國闍婆其都會也西南諸國浩乎不可窮近則占城真臘為窊裏諸國之都會遠則大秦為西天竺諸國之都會又其遠則麻離拔國為大食諸國之都會又其外則木

蘭皮國為極西諸國之都會三佛齊之南南大洋海也
海中有嶼萬餘人莫居之愈南不可通矣闍婆之東東
大洋海也水勢漸低女人國在焉愈東則尾閭之所泄
非復人世稍東北向則高麗百濟耳西南海上諸國不
可勝計其大略亦可考姑以交阯定其方隅直交阯之
南則占城真臘佛羅安也交阯之西北則大理黑水吐
蕃也於是西有大海隅之是海也名曰細蘭細蘭海中
有一大洲名細蘭國渡之而西復有諸國其南為故臨

國其北為大秦國王舍城天竺國又其西有海曰東大食海渡之而西則大食諸國也大食之地甚廣其國甚多不可悉載又其西有海名西大食海渡之而西則木蘭皮諸國凡千餘更西則日之所入不得而聞也

占城國

占城漢林邑也境上有馬援銅柱在唐曰環王王所居曰占城以名其國地產名香犀象土皆白砂可耕之地絕少無羊豕蔬茹人採香為生國無市肆地廣人少多

買奴婢舶舟以人為貨北抵交阯南抵真臘臣事交阯而日與真臘為仇乾道癸巳閩人有以西班到選得官吉陽軍都監者泛海之官飄至占城見其國與真臘乘象以戰無大勝負乃說王以騎戰之利教之弓弩騎射占城王大悦具舟送之吉陽厚賫隨以買馬得數十匹以戰則克次年復來人徒甚盛吉陽軍因却以無馬乃轉之瓊管瓊管不受遂怒而歸後不復至也異時諸國舶舟類為其所虜蓋其俗本好剽掠其屬有賓瞳朧國

賓陁陵國目連舍基在賓陁陵或云即王舍城建隆二
年曾貢方物三年八月又來貢哲宗元祐元年十二月
又進貢有詔賜錢二千六百緡其慕化抑可嘉也

真臘國

真臘國遠於占城而近於諸蕃其旁有窊裏國西棚國
三泊國麻蘭國登流眉國第辣撻國真臘為之都會北
抵占城最產名香登流眉所產為絕奇諸蕃國香所不
及也其國僧道呪法靈甚僧之黃衣者有室家紅衣者

寺居戒律精嚴道士以木葉為衣國中望天一隅常有少痕其人云昔女媧所不至也本朝徽宗宣和二年曾遣使入貢

蒲甘國

蒲甘國自大理國五程至其國自宼裏國六十程至之隔黒水淤泥河則西天諸國不可通矣蒲甘國王官員皆戴金冠狀如犀首有馬不鞍而騎王居以錫為瓦以金銀裹飾屋壁有寺數十所僧皆黄衣國王早朝其官

僚各持花獻王僧作梵語祝壽以花戴王首餘花歸寺供佛徽宗崇寧五年二月曾入貢

三佛齊國

三佛齊國在南海之中諸蕃水道之要衝也東自闍婆諸國西自大食故臨諸國無不由其境而入中國者國無所產而人習戰攻服藥在身刃不能傷陸攻水戰奮擊無前以故鄰國咸服焉蕃舶過境有不入其國者必出師盡殺之以故其國富犀象珠璣香藥其俗縛排浮

水而居其屬有佛羅安國國主自三佛齊選差地亦產香氣味腥烈較之下岸諸國此為差勝有聖佛三佛齊國主再歲一往燒香藝祖開基建隆元年九月三佛齊王悉利大霞里壇按宋史悉利下有胡字遣使來貢方物二年五月復遣使進貢三年三月又來貢十二月又貢方物至神宗元豐二年七月遣詹卑國使來貢哲宗元祐三年閏十二月又遣使入貢五年復來貢慕義來庭與他國不侔矣

闍婆國

闍婆國又名莆家龍在海東南勢下故曰下岸廣州自十一月十二月發船順風連晝夜一月可到國王撮髻腦後人民剃頭留短髮好以花樣縵布繳身以椰子并撻樹漿為酒蔗糖其色紅白味極甘美以銷銀鍮錫雜鑄為錢其錢以六十箇准為一兩金用三十二錢為半兩金土產胡椒檀香丁香白荳蔻肉荳蔻沉香國人尚氣好鬬戰王及官豪有死者左右承奉人皆願隨死焚

則躍入火中棄骨於水亦踣水溺死不悔

故臨國

故臨國與大食國相邇廣舶四十日到藍里住冬次年再發船約一月始達其國人黑色身纏白布鬚髮伸直露頭撮髻穿紅皮履如畫羅漢脚踏者好事弓箭遇鬬戰敵時以綵纈纏髻國王身纏布出入以布作軟兜或乘象國人好奉事佛其國有大食國蕃客寄居甚多每洗浴畢用鬱金塗身欲象佛之金身也監篦國遞年販

象牛大食販馬前來此國貨賣國王事天尊牛殺之償死中國船商欲往大食必自故臨易小舟而往雖以一月南風至之然往返經二年矣

注輦國

注輦國是西天南印度也欲往其國當自故臨國易舟而行或云蒲甘國亦可往其國王冠有明珠異寶多與西天諸國戰爭國有戰象六萬皆高七八尺戰時象背立屋載勇士遠則用箭近則用槊戰勝者象亦賜號以

旌其功至有賜錦帳金槽者每日象亦朝王國王及官民皆撮髻繞白布以金銀為錢出指環腦子蓋猫兒睛之類也真珠象牙雜色琥珀色絲布妓女近萬家每日輪妓三千入朝祗役國人尚氣輕生有不相伏者曰數十對在王前用短刀格鬬死而無悔父子兄弟不全釜而爨不共器而食然甚重義真宗大中祥符八年注輦國王遣使貢真珠等譯者道其言曰願以表遠人慕化之心至神宗熙寧十年六月此國又貢方物上遣内侍

勞問之乃此國也

欽定四庫全書

嶺外代答卷三　　宋　周去非　撰

外國門下

大秦國

大秦國者西天諸國之都會大食蕃商所萃之地也其王號麻囉弗以帛織出金字纏頭所坐之物則織以絲罽有城郭居民王所居舍以石灰代瓦多設簾幃四圍開七門置守者各三十人有他國進貢者拜於階陛之

下祝壽而退屋下開地道至禮拜堂一里許王少出惟誦經禮佛遇七日即由地道往禮拜堂拜佛從者五十人國人罕識王面若出遊騎馬打三簷青繖馬頭項皆飾以金玉珠寶遞年大食國王號素丹遣人進貢如國内有警即令大食措置兵甲前來撫定所食之物多飯餅肉不飲酒用金銀器以匙挑之食已即以金盤貯水濯手土產琉璃珊瑚生金花錦縵布紅馬腦真珠天竺國其屬也國有聖水能止風濤若海揚波以琉璃瓶盛

水灑之即止

大食諸國

大食者諸國之總名也有國千餘所知名者特數國耳有麻離拔國廣州自中冬以後發船乘北風去約四十日到地名藍里博買蘇木白錫長白藤住至次冬再乘東北風六十日順風方到此國產乳香龍涎真珠琉璃犀角象牙珊瑚木香沒藥血竭阿魏蘇合油沒石子薔薇水等貨皆大食諸國至此博易國王官民皆事天

官豪各以金線挑花帛纏頭搭項以白越諾金字布為衣或衣諸色錦以紅皮為履居五層樓食麪餅肉酪貧者乃食魚蔬地少稻米所產果食甜而不酸以蒲桃為酒以糖煑香藥為思酥酒以蜜和香藥作眉思打華酒暖補有益以金銀為錢巨舶富商皆聚焉哲宗元祐三年十一月大食麻囉拔國遣人入貢即此麻離拔也

有麻嘉國自麻離拔國西去陸行八十餘程乃到此是佛麻霞勿出世之處有佛所居方丈以五色玉結甃成

墻屋每歲遇佛忌辰大食諸國王皆遣人持寶貝金銀施捨以錦綺蓋其方丈每年諸國前來就方丈禮拜并他國官豪不拘萬里皆至瞻禮方丈後有佛墓日夜常見霞光人近不得往往皆合眼走過若人臨命終時取墓上土塗胷即乘佛力超生云　有白達國係大食諸國之京師也其國王則佛麻霞勿之子孫也大食諸國用兵相侵不敢犯其境以故其國富盛王出張皁蓋金柄其頂有玉獅子背負一大金月耀人目如星遠可見

也城市衢陌居民豪侈多寶物珍段皆食餅肉酥酪少魚菜米產金銀碾花上等琉璃白越諾布蘇合油國人皆相尚以好雪布纏頭所謂軟琉璃者國所產也有吉慈尼國皆大山圍遶鑿山為城方二百里環以大水其國有禮拜堂百餘所內一所方十里國人七日一赴堂禮拜謂之除（或作廚）懺其國產金銀越諾布金絲錦五色駝毛段碾花琉璃蘇合油無名異摩娑石人食餅肉乳酪少魚米民多豪富居樓閣有五七層者多畜牧駞

馬地極寒自秋至春雪不消寖近西北故也　有詹路骨惇國居七重之城自上古用黑光大石疊就每城相去千步有蕃塔三百餘內一塔高八十丈內有三百六十房人皆纏頭搭項寒即以色毛段為衣以肉麪為食以金銀為錢所謂鮫綃薔薇水梔子花摩娑石鵬砂皆其所産也　有勿厮離國其地多名山秋露既降日出照之凝如糖霜採而食之清涼甘腴此真甘露也山有天生樹一歲生栗次歲生没石子地産火浣有珊瑚

木蘭皮國

大食國西有巨海海之西有國不可勝數大食巨艦所可至者木蘭皮國爾蓋自大食之陁盤地國發舟正西涉海一百日而至之一舟容數千人舟中有酒食肆機杼之屬言舟之大者莫木蘭若也今人謂木蘭舟得非言其莫大者乎木蘭皮國所產極異麥粒長二寸瓜圍六尺米麥窖地數十年不壞產胡羊高數尺尾大如扇春剖腹取脂數十斤再縫而活不取則羊以肥死其國

相傳又陸行二百里日晷長三時秋月西風忽起人獸速就水飲乃生稍遲以渴死

西天諸國

西方諸國大率冠以西天之名凡數百國最著名者王舍城天竺國中印度蓋佛氏所生故其名重也傳聞其地之東有黑水淤河大海越之而東則西域吐蕃大理交阯之境也其地之西有東大食海越之而西則大食諸國也其地之南有洲名曰細蘭國其海亦曰細蘭海

昔張騫使大夏聞身毒國在大夏東南一千里余聞自大理國至王舍城亦不過四十程案賈耽皇華四達記云自安南通天竺又達磨之來浮海至番禺此海道可通之明驗也

西天南尼華囉國

西天南尼華囉國城有三重其人早晚必浴以鬱金塗身面效佛金色國人多稱婆羅門以為佛真子孫屋壁坐席塗以牛糞家置壇崇三尺三級而升每晨以牛糞

塗焚香獻花供養道通西域西域忽有輕騎來刼但閉門距之數日乏糧自退

東南海上諸雜國

東南海上有沙華公國其人多出大海刼奪得人縛而賣之闍婆又東南有近佛國多野島蠻賊居之號麻囉奴商舶飄至其國擒人以巨竹夾而燒食之賊首鑽齒陷以黃金以人頭為食器其島愈深其賊愈甚又東南有女人國水常東流數年水一泛漲或流出蓮肉長尺

餘桃核長二尺人得之則以獻于女王昔常有舶舟飄落其國羣女攜以歸數日無不死有一智者夜盜船亡命得去遂傳其事其國女人遇南風盛發裸而感風咸生女也

崑崙層期國

西南海上有崑崙層期國連接大海島常有大鵬飛蔽日移晷有野駱駝大鵬遇則吞之或拾鵬翅截其管堪作水桶又有駱駝鶴身項長六七尺有翼能飛但不高

耳食雜物炎火或燒赤熱銅鐵與之食及產大象牙犀角又海島多野人身如黑漆拳髮誘以食而擒之動以千萬賣爲蕃奴

波斯國

西南海上波斯國其人肌理甚黑鬚髮皆拳兩手鈴以金串纏身以青花布無城郭其王早朝以虎皮蒙杌疊足坐羣下禮拜出則乘軟兜或騎象從者百餘人執劔呵護食餅肉飯盛以甆器掬而啗之

蜑蠻

以舟為室視水如陸浮生江海者蜑也欽之蜑有三一為漁蜑善舉網垂綸二為蠔蜑善沒海取蠔三為木蜑善伐山取材凡蜑極貧衣皆鶉結得掬米妻子共之夫婦居短蓬之下生子乃猥多一舟不下十子兒自能孩其母以軟布束之背上蕩槳自如兒能匍匐則以長繩繫其腰於繩末繫短木焉兒忽墜水則緣繩汲出之兒學行往來蓬脊殊不驚也能行則已能浮沒蜑舟泊岸

羣兒聚戲沙中冬夏身無一縷真類獺然蜑之浮生似若浩蕩莫能馴者然亦各有統屬各有界分各有役於官以是知無逃乎天地之間廣州有蜑一種名曰盧停善水戰

三伏馱

交阯之南有山曰播流環數百里若大鐵圍不可攀躋中皆良田唯有一竅可入有種類居之交阯所不得而臣號曰三伏馱安南屢欲滅之其人守險萬方不可入

三伏馱自言曰縱安南有強兵我自有禾可食蓋謂其不可滅也

猺人

猺人者言其執猺役於中國也静江府五縣與猺人接境曰興安靈川臨桂義寧古縣猺人聚落不一最強者曰羅曼猺人麻園猺人其餘曰黃沙曰甲石曰嶺屯曰褒江曰贈脚曰黃村曰赤水曰藍思曰巾江曰竦江曰定花曰冷石坑曰白面曰黃意曰大利曰小平曰灘頭

曰丹江曰磨江曰閃江曰把界山谷彌遠猺人彌多晝隸于義寧縣桑江寨猺人椎髻臨額跣足帶械或袒裸或鶉結或斑布袍袴或白布巾有酋則青巾紫袍婦人上衫下裙斑斕勃窣惟其上衣斑文極細俗所尚也地皆高山而所産乃輜重欲運致之不可肩荷則為大囊貯物以皮為大帶挽之於額而負之於背雖大木石亦負於背猺人耕山為生以粟豆芋魁充糧其稻田亦幾年豐則安居巢穴一或饑饉則四出騷擾土産杉板滑

石蜜蠟零陵香燕脂木靜江五縣沿邊唯與安義縣官任滿有邊貢

西南夷

西南五姓蕃部曰龍羅方石張自昔許上京入貢龍羅方石自宜州入境張蕃自邕州入境或三年或四五年計五姓人徒凡九百六十人所貢氈馬丹砂朝廷支賜錦衫銀帶與其他費凡二萬四千四百餘緡回答之物不與焉熙寜八年令五姓蕃五年一進奉納方物于宜

州宜州估時價回答又有西南韋藩亦五年一進奉宜州受其方物回答之費凡一千二百餘緡羈縻州亦有進奉者宜州管下安化三州一鎮舊許三年一上京進奉額二百九十三人後令納方物於宜州思立寨而親赴州領賜西南夷大率椎髻跣足或衣斑花布或披氈而背刀帶弩其髻以白紙縛之云猶為諸葛武侯制服也武侯之烈遠矣哉

通道外夷

中國通道南蠻必由邕州橫山寨自橫山一程至古天縣一程至歸樂州一程至唐興州一程至睢殿州一程至七源州一程至泗城州一程至古那洞一程至龍安州一程至鳳村山獠渡江一程至上展一程至博文嶺一程至羅扶一程至自杞之境名曰磨巨又三程至自杞國自杞四程至古城郡三程至大理國之境名曰善闡府六程至大理國矣自大理國五程至蒲甘國去西天竺不遠限以淤泥河不通亦或可通但絕險耳凡三

十二程若欲至羅殿國亦自橫山寨如初行程至七源州而分道一程至馬樂縣一程至恩化縣一程至羅奪州一程至圍慕州一程至阿姝蠻一程至硃砂蠻一程至順唐府二程至羅殿國矣凡十九程若欲至特磨道亦自橫山一程至上安縣一程至安德州一程至羅博州一程至陽縣一程至隘岸一程至那郎一程至西寧州一程至富州一程至羅拱縣一程至歷水鋪一程至特磨道矣自特磨一程至結也蠻一程至大理界虛一

程至最寧府六程而至大理國矣凡二十程所以謂大理欲以馬至中國而北阻自杞南阻特磨者其道里固相若也聞自杞特磨之間有新路直指橫山不涉二國今馬既歲至亦不必由他道也

航海外夷

今天下沿海州郡自東北而西南其行至欽州止矣沿海州郡類有市舶國家綏懷外夷於泉廣二州置提舉市舶司故凡蕃商急難之欲赴愬者必提舉司也歲十

月提舉司大設蕃商而遣之其來也當夏正之後提舉司征其商而覆護焉諸蕃國之富盛多寶貨者莫如大食國其次闍婆國其次三佛齊國其次乃諸國耳三佛齊者諸國海道往來之要衝也三佛齊之來也正北行舟歷上下竺與交洋乃至中國之境其欲至廣者入自屯門欲至泉州者入自甲子門闍婆之來也稍西北行舟過十二子石而與三佛齊海道合于竺嶼之下大食國之來也以小舟運而南行至故臨國易大舟而東行

至三佛齊國乃復如三佛齊之入中國其他占城真臘之屬皆近在交阯洋之南遠不及三佛齊國闍婆之半而三佛齊闍婆又不及大食國之半也諸蕃國之入中國一歲可以往返唯大食必二年而後可大抵蕃舶風便而行一日千里一遇朔風為禍不測幸泊于吾境猶有保甲之法苟泊外國則人貨俱没若夫默伽國勿斯里等國其遠也不知其幾萬里矣

沿邊兵 按此下十二條當另為一門原本脫去標目

祖宗分置將兵廣西得二將為邊州邕管為上宜次之欽次之融又次之靜江帥府元屯半將二千五百人又駐泊兵二千人効用五百人又殿前摧鋒軍五百人又有雄略忠敢等軍軍容頗盛無事足以鎮撫有事足以調發邕屯全將五千人以三千人分戍橫山太平永平古萬四寨及遷隆鎮其二千人留州更戍宜州屯半將二千五百人乃靜江一將之分屯者高峯帶溪北遐思立鎮寧諸寨之戍乃多用天河思恩河池三縣之土丁

而宜州在城與夫溪峒都巡檢兵蓋不滿千人欽之澄海與夫管界沿海二巡檢合集不過五百人而如昔之戍出於峒丁抵棹之戍出於土丁融州舊撥靜江府馬軍二百人都巡檢兵亦不過二三百輩祖宗時以廣右事力緜薄而邊防急切故歲賜錢一百一十餘萬緡而諸郡稅賦以之養兵積威宜有餘裕南渡以來歲賜已絶又歲取廣西鹽鈔錢四十萬緡經總制錢數十萬緡歴年滋久故諸郡銷兵以自足爾

土丁戍邊

邕欽與交阯為境自昔二郡土丁雜官軍戍邊邕州土丁戍邊之事未詳欽之抵棹寨以安遠縣土丁百人更戍季一替厥後宜有南丹莫公晟之擾大觀元年始詔宜州土丁依邕欽例戍邊正兵長戍二百人土丁更戍三百人以天河思恩河池三縣土丁父子全不分番戍守其間河池一縣最近髙峯與南丹對境要害地也而河池一縣土丁正可分為兩番一季一替乃於腹裏之

宜山忻城二縣三丁抽一分為三番月一替是則宜之土丁其役更重於邕欽也宜之守臣屢請于朝乞差次邊柳象賓横州土丁與宜之土丁更戍以紓極邊之民不報而宜之戍至今不已

峒丁戍邊

羈縻州之民謂之峒丁強武可用溪峒之酋以為兵衛謂之田子甲官欲用其一民不可得也唯欽州七峒丁為官戍邊蓋七峒權力弱於邕管故聽命也舊制欽

峒置巡防使臣一名以官軍百人戍如昔峒以備交阯因官軍虐之峒酋乞不用官軍願自以峒丁更戍以故欽州猶有峒丁之戍

田子甲

邕州溪峒之民無不習戰刀弩鎗牌用之頗精峒民事讐殺是以人習於戰鬪謂之田子甲言耕其田而為之甲士也又朝廷馬政正在其地所謂良馬彼多得之峒豪頗習驍騎峒官出入前驅千人後騎數人整整不亂

亦謂之馬前排靖康之變峒兵有勤王者遺老猶能言之曰峒民素儉勤王之役日得券錢積而不用比歸人有二三百緡之積至今以為笑談嘗有官貧自儇峒借人夫至欽所從數人道間麋興於前能合而取之鳶飛于天能仰而落之一夕逆旅劫盜人有懼色唯峒人整暇以待盜不敢前昔漢高祖用板楯蠻以取關中武王伐商亦用微盧彭濮人正使今日有疆埸之事而用之當必有功

峒丁

邕州左右江提舉峒丁與夫經畧司買馬幹官兼提舉皆此職也熙寧中係籍峒丁四萬餘人今其籍不可考矣官名提舉實不得管一丁而生殺予奪盡出其酋欽州峒丁雖不如邕管之已甚所以奉其酋者亦類此嘗聞道家有言人罪重者謫為邊民困有藝極峒丁日各以職供水陸之產為之力作終歲而不得一飽為之効死戰爭而復加科歛一有微過遣所親羣斬之上流而

身於下流閱其尸也曰矄酉酒酣拔劍散歩峒丁避不及者手刃焉類以此為服人之威何其酷也

寨丁

環羈縻溪峒置寨以臨之皆吾民也謂之寨丁靜江府有桑江寨融州有融州寨武陽寨與潯江文村茶溪臨溪四堡宜州有高峯寨帶溪寨北遐寨思立寨鎮寧寨邕州有横山寨温潤寨太平寨永平寨古萬寨遷隆寨欽州有如昔寨抵棹寨瓊州有寶西寨西峯寨延德寨

萬安軍有萬全寨吉陽軍有通遠寨凡諸寨之戍或用官軍或峒丁或寨丁寨官或巡防使臣或都監或知寨或一寨有長貳官屬是皆係乎寨之大小也諸寨行事動關化外法制不得不必寬威權不得不稍重夫諸寨迥居于諸峒之中寨丁更戍不下百人彼寨之境山谷阻深異材生之今邊境晏然亦未免有採山之役

土丁保丁

自儂智高平朝廷聯一路之民以為兵户滿五丁者以

一為土丁二丁者以一為保丁熙寧六年詔依河北義勇例修立條制如禁軍置都虞候以下六階以隸之因其民之資序而為之階級專屬經畧司調發其保丁則隸於州縣而以保正統之八年廣西諸司乞以土丁教閱令保丁亦教閱也每歲農隙會土保丁越州若縣教以坐作進退號令旗鼓之法一季而罷立法之意蓋以廣民彫弱人無固志若素教其民一旦有警則百萬之師可以遽集今乃州縣私役於教閱之餘寖失初意然

有不可不役者廣西城壁皆以土為周覆以屋一歲不葺多致腐壓為郡將者先盡教閱之道以體立法之意乃約城屋當用之工分部竭作不容私役旬月集事即日散之民亦樂從而不以為勞矣

効用

廣右効用蓋諸郡山川廣莫生齒不蕃強弱不侔又四方之姦民萃焉於是諸郡所在假強武之民以効用名之豪民亦借官為重自王宣淩鐵謝寶為變賴効用立

効用後經略司乃置効用五百人于静江凡強盜貸死
逃卒亡命與其強武願從之民咸集焉善接短刄以戲
賊隱然形勢有足取者静江効用自成一軍若乃諸郡
効用散在民間猶存而不廢

土宣

廣西郡兵卒歲有押馬綱賞累至受宣押馬往來販賣
至多貲亦有累賞補官者厥後朝廷減賞只許轉至十
將不許受宣於是邊州守臣便宜出帖補副都虞候謂

之土宣其間亦有以私恩不令陟階級而補副都虞候者雖不請厚禄而為排軍矣

五民

欽民有五種一曰土人自昔駱越種類也居於村落容貌鄙野以唇舌雜為音聲殊不可曉謂之蔞語二曰北人語言平易而雜以南音本西北流民自五代之亂占籍于欽者也三曰俚人史稱俚獠者是也此種自蠻峒出居專事妖怪若禽獸然語音尤不可曉四曰射耕人

本福建人射地而耕也子孫盡閩音五曰蜑人以舟為室浮海而生語似福廣雜以廣東西之音蜑別有記

惰農

深廣曠土彌望田家所耕百之一爾必水泉冬夏常注之地然後為田苟膚寸高仰皆棄而不顧其耕也僅取破塊不復深易乃就田點種更不移秧既種之後旱不求水澇不疏決既無糞壤又不耔耘一任於天既穫則束手坐食以卒歲其妻乃負販以贍之己則抱子嬉遊

慵惰莫甚焉彼廣人皆半羸長病一日力作明日必病或至死耳

僧道

南中州縣有寺觀而無僧道人貧不能得度牒有祠部者無幾餘皆童行以供應聖節為名判公憑於州縣權行剃髮戴冠遂為真僧道如出公據其說謂被盜遭火失去度牒官為給據為憑遂以剃戴

欽定四庫全書

嶺外代荅卷四

宋 周去非 撰

風土門

廣右風氣

南人有言曰雨下便寒晴便熱不論春夏與秋冬此語盡南方之風氣矣桂林氣候與江浙頗相類過桂林城南數十里則便大異杜子美謂宜人獨桂林得之矣欽陽雨則寒氣淅淅襲人晴則温氣勃勃蒸人陰濕晦冥

一日數變得頃刻明快又復陰合冬月久晴不離葛衣紈扇夏月苦雨急須襲被重裘大抵早温晝熱晚凉夜寒一日而四時之氣備九月梅花盛開臘夜已食青梅初春百卉蔭密楓槐楡柳四時常青草木雖大易以蠹腐五穀濕而不甘六畜淡而無味水泉腥而黯慘蔬茹瘦而苦硬人生其間率皆半羸而不耐苦作生齒不蕃土曠人稀皆風氣使然也北人至其地莫若少食而頻餐多衣而屢更惟酒與色不可嗜也如是則庶免乎瘴

然而腑臟日與惡弱水土接毒氣浸淫終當一疾但有淺深耳久則與之俱化

雪雹

杜子美詩五嶺皆炎熱宜人獨桂林梅花萬里外雪片一冬深盖桂林嘗有雪稍南則無之他州土人皆莫知雪為何形欽之父老云數十年前冬常有雪歲乃大災盖南方地氣常燠草木柔脆一或有雪則萬木殭死明歲土膏不興春不發生正為災雪非瑞雪也若春夏有

雹歲乃大熟蓋春夏熱氣能抑之反得和平而百物倍收非若中土春夏遇雹而陽氣微也天地之間氣異乃爾

瘴地

嶺外毒瘴不必深廣之地如海南之瓊管海北之廉雷化雖曰深廣而瘴乃稍輕昭州與湖南靜江接境士夫指以為大法場言殺人之多也若深廣之地如橫邕欽貴其瘴殆與昭等獨不知小法場之名在何州嘗謂瘴

重之州率水土毒爾非天時也昭州有恭城江水並城而出其色黯慘江石皆黑横邕欽貴皆無石井唯欽江水有一泉乃土泉非石泉也而地産毒藥其類不一安得無水毒乎瘴疾之作亦有運氣如中州之疫然大槩水毒之地必深廣廣東以新州為大法場英州為小法場因併存之

瘴 挑草子附

南方之病皆謂之瘴其實似中州傷寒蓋天氣鬱蒸陽

多宣洩冬不閉藏草木水泉皆禀惡氣人生其間日受其毒元氣不固發為瘴疾輕者寒熱往來正類痁瘧謂之冷瘴重者純熱無寒更重者蘊熱沉沉無晝無夜如臥灰火謂之熱瘴最重者一病則失音莫知所以然謂之瘂瘴冷瘴未必死熱瘴久必死瘂瘴治得其道間亦可生冷瘴以瘧治熱瘴以傷寒治瘂瘴以失音傷寒治雖未可收十全之功往往愈者過半治瘴不可純用中州傷寒之藥茍徒見其熱甚而以朴硝大黄之類下之

苟所禀怯弱立見傾危昔静江府唐侍御家仙者授以青蒿散至今南方瘴疾服之有奇驗其藥用青蒿石膏及草藥服之而不愈者是其人禀弱而病深也急以附子丹砂救之往往多愈夫南方盛熱而服丹砂非以熱益熱也蓋陽氣不固假熱藥以收拾之爾痛哉深廣不知醫藥唯知設鬼而坐致殂殞間有南人熱瘴挑草子而愈者南人熱瘴發一二日以針刺其上下唇其法捲唇之裏刺其正中以手捻去唇血又以楮葉擦舌又令

病人並足而立刺兩足後腕横縫中青脉血出如注乃以青蒿和水服之應手而愈冷瘴與雜病不可刺矣熱瘴乃太陽傷寒證刺出其血是亦得汗法耳人之上下唇是陽明胃脉之所經足後腕是太陽膀胱脉之所經太陽受病三日而陽明受病南人之針可以暗合矣有發瘴過經病已入裏而瀕死刺病人陰莖而愈竊意其内通五臟故或可以愈也然施於壯健尚可施於怯弱者豈不危哉

屋室

廣西諸郡富家大室覆之以瓦不施棧板唯敷瓦于椽間仰視見瓦徒取其不藏鼠日光穿漏不以為厭也小民壘土墼為墻而架宇其上全不施柱或以作仰覆為瓦或但織竹笆兩重任其漏滴廣中居民四壁不加塗泥夜間焚膏其光四出於外故有一家點火十家光之譏原其所以然蓋其地煖利在通風不利堙室也未嘗見其茅屋然則廣人雖于茅亦以為勞事

巢居

深廣之民結柵以居上設茅屋下豢牛豕柵上編竹為棧不施椅桌牀榻唯有一牛皮為裀席寢食於斯牛豕之穢升聞於棧罅之間不可向邇彼皆習慣莫之聞也考其所以然蓋地多虎狼不如是則人畜皆不安無乃上古巢居之意歟

踏犂

静江民頗力于田其耕也先施人工踏犂乃以牛平之

踏犂形如匙長六尺許末施横木一尺餘此兩手所足
處也犂柄之中於其左邉施短柄焉此左脚所踏處也
踏可耕三尺則釋左脚而以兩手翻泥謂之一進迤邐
而前泥壠悉成行列不異耕牛子嘗料之踏犂五日可
當牛犂一日又不若牛犂之深于土問之乃惜牛耳牛
自深廣來不耐苦作桂人養之不得其道任其放牧未
嘗餵飼夏則放之水中冬則藏之岩穴初無欄屋以禦
風雨今浙人養牛冬月密閉其欄重藁以藉之煖日可

受則牽出就日去穢而加新又日取新草于山唯恐其一不飯也淅牛所以勤苦而永年者非特天產之良人為之助亦多矣南中養牛若此安得而長用之哉若大無牛之處則踏犂之法胡可廢也又廣人荊棘費鋤之地三人二踏犂夾掘一穴方可五尺宿根巨梗無不翻舉甚易為功此法不可以不存

椿堂

靜江民間獲禾取禾心一莖藁連穗收之謂之清冷禾

屋角為大木槽將食時取禾椿於槽中其聲如僧寺之木魚女伴以意運杵成音韻名曰椿堂每旦及日昃則椿堂之聲四聞可聽

送老

嶺南嫁女之夕新人盛飾廟坐女伴亦盛飾夾輔之送相歌和含情悽惋各致殷勤名曰送老言將別年少之伴道之偕老也其歌也靜江人倚蘇幕遮為聲欽人倚人月圓皆臨機自撰不肯蹈襲其間乃有絕佳者凡送

老皆在深夜鄉黨男子羣往觀之或於稠人中發歌以調女伴女伴知其謂誰亦歌以答之頗竊中其家之隱慝往往以此致爭亦或以此心許

方言

方言古人有之乃若廣西之蔞語如稱官為溝主母為米囊外祖母為低僕使曰齋捽喫飯為報崖若此之類當待譯而後通至城郭居民語乃平易自福建湖湘皆不及也其間所言意義頗善有非中州所可及也早曰

朝時晚曰晡時以竹罷盛飯如篋曰簞以瓦瓶盛水曰罌相交曰契交自稱曰寒賤長於我稱之曰老兄少於我稱之曰老弟丈人行呼其少曰老姪呼至少者曰孫泛呼孩提曰細子謂慵惰為不事產業謂人讐怨曰彼期待我力作而手倦曰指窮困貧無力曰力匱令人先行曰行前水落曰水尾殺泊舟曰埋船頭離岸曰皮船頭舟行曰船在水皮上大脚脛犬曰大虫脚若此之類亦云雅矣余又甞令譯者以禮部韻按交阯語字字有

異唯花字不須譯又謂北為朔因併志之

俗字

廣西俗字甚多如𡚻音矮言矮則不長也𡘫音穩言大坐則穩也奀音動言瘦弱也𡳕音終言死也𠆣音臘言不能舉足也仦音嫋言小兒也𡝩徒架切言姊也閂音櫖言門橫關也𥓂音磡言岩崖也氽音泅言人在水上也氼音魅言沒人在水下也𠃵音鬍言多髭研東敢切言以石擊水之聲也大理國間有文書至南邊猶用此

圀字圀武后所作國字也

法制門

奏辟

廣西奏辟不限資格唯材是求自守闕副尉下班之類一經奏辟皆得領兵民之寄大率初辟巡尉知寨次辟沿邊知縣都監次可辟左右江提舉等而上之沿邊知州軍皆可辟也守倅舊許帥司奏辟今多與監司聯銜具奏帥司又可專辟沿邊州軍主兵官前官將替半年

便與量材選辟辟書一上便可就權往往非注補官之人皆由之而並進俟成命之下就權年月皆理為在任不成則不過解職而去耳誠仕宦速化之地比之吏部格法何啻霄壤也

定擬

廣西與朝廷遠士夫難以一一到部令漕司奉行吏部銓法謂之南選諸郡之闕吏部以入殘零一月無人注授却發下漕司定擬待次士夫擬得一闕先許就權吏

部考其格法無害則給告劄付之理前月日為任南中士夫甚樂之廣西經任人多不欲注漕官唯欲授破格職官初任人不欲授監當簿尉唯欲授破格漕官謂如吏部注中州四選闕率一官而四人共之唯廣西闕無人注授及發下定擬唯許寄居隨侍曾任本路人參選員少闕多率是見次選人於此可養資考豈吏部注擬之所常有者故落南士夫多不出嶺良以此也

試場

二廣試場有三曰科舉曰銓試曰攝試今銓試廢矣無攝試科舉而已嶺外科舉尤重於中州盖有攝官一門存焉始也攝官屬漕司廣西於靜江開場試斷案五世之大法家按宋史淳熙中秘書郎李巘請令習大法者兼習經義詔自今第一第二第三場試斷案第四場經義第五場刑統律義世試音同疑傳寫之誤以闕員為額差靜江法司人吏祗應斷案未免或出其手科舉考官有出身人不足許差恩牓人赴試者少而解額頗寛雖左右江溪同亦有解額二名諸州得解士人俟再得舉則試攝為假

版官唯靜江士子不屑就焉故數有登科者

攝官

二廣兩得解士人許赴漕司試攝以闕貧為額綴名者漕司給公據服綠參南選出而涖民矣今律所謂假版官是也攝官有三等一待次攝官二正額攝官三解發攝官待次歷兩任無過漕司再給公據印紙為正額又兩任無過漕司解發吏部補迪功郎自是通行仕路矣當其未補真命也歷任之中有犯贓私該徒流罪猶加

真刑逮入階官乃作經任人注擬住闕六考以舉狀改官夫二廣士子少年得舉即可補攝數年而受真命見次厚賞資歷易深陞改甚捷有官至正郎任數子者大率以荒僻海邦監當簿尉令存留為攝官闕吏部又收其闕之少厚者以注命官始以五十員為額今減為三十員無往時之速化矣二廣士夫二苟能克己自奮又何藉於假版閩昔有賀州楊攝官者始參南選隨例見于銓吏吏不加禮楊怒拔手版擊吏取緑衣攝帖焚之

而去次年乃登科所在稱職使攝官者如之奚患二廣
風俗士氣之不振

南海役法

自免役法行天下無復有鄉差為吏之州獨海南四郡
不行焉閩仕于海南者曰海南名為鄉差實募人為吏
彼受募者已世其業民間反謂免役為便願輸役錢而
不可得夫權利之心人皆有之地邇京師則人以功名
為權利去朝廷遠人絶榮望人知吏之為權利耳廣西

州縣之利皆鄉落大姓能為一鄉之禍福人莫不尊敬之與江浙之恥為吏者大異遠方之貴吏猶江浙之貴仕也況南海之遠乎向之所知殆一二受募吏輩自固之言嘗謂免役之法聖人所謂順非而澤者也人生天地之間生於富貴而死於安樂富民為吏豈不艱苦然而甲乙執役必能自愛其鄉黨雖不保其不為非必不至舞文以毒民如今日之吏就使斯民得輸錢免役以自逸而心厭作吏之賤舉先王良法美意納之於斯民

厭惡之心俾募雇為吏者長子孫於害民之間而斯民有無窮之患豈不甚可痛者自免役之法一行有志於世之士至終不敢復蓋民之所安者在是聖人所謂順非而澤者其是法乎鄉差之法非役民以自養也與民長慮而全其生也今日舉世之民受吏之害幸海南四郡遺法尚存吾懼繼此有搖撼欲去之而行免役者羊亡禮遂亡矣

常平

常平米斛見存無幾所在皆是也廣右諸郡唯靜江常平米止支諸司人吏俸米自餘諸郡不以軍糧不足借支不還則以久不賑發腐損耗失軍糧不足而借支所至皆然非獨廣右且廣西米斗五十錢穀賤莫甚焉夫其賤非誠多穀也正以生齒不蕃食穀不多耳田家自給之外餘悉糶去曾無久之積貯富商以下價糴之而舳艫銜尾運之番禺以罔市利名曰穀賤其實無積貯爾州郡久不賑發一遇大凶年米斗僅至二百錢則

人民已有流離之禍州縣拱手無策以處之然則穀賊之果不足恃也如此若夫以新易陳在州郡所得為之事曰歛曰散曷不於樂歳廣糴以為之備乎

欽定四庫全書

嶺外代答卷五

宋　周去非　撰

財計門

廣右漕計

今日廣右漕計在鹽而已鹽場濵海以舟運於廉州石康倉客販西鹽者自廉州陸運至鬱林州而後可以州運觔兩重於東鹽而商人猶艱之自改行官賣運使姚孝資頤重實當是任乃至十萬倉于鬱林州官以牛車

自廉州石康倉運鹽貯之庶一水可散于諸州凡請鹽之州曰靜江府融宜邕賓橫柳象貴鬱林昭賀梧藤潯容州各以歲額來請靜江歲額八千籮融二千七百籮宜四千三百九十邕七千五百賓二千五百柳三千五百有奇象三千橫二千七百貴三千一百有奇鬱林三千昭三千九百賀五千梧二千藤二千五百潯三千容三千凡五萬八千二百籮有奇（按此文原本有錯簡今移正）取其息以八分歸漕司二分歸本州又海南四州軍及欽廉雷

化高皆産鹽州軍昔賣漕司二分鹽亦以八分息歸漕司通前十六州請鹽于十萬倉者凡七萬餘籮絶長補短漕司歲得錢六十五萬五千六百餘緡而歲支錢七十三萬二千餘緡又以向者存留鹽本錢充之每籮八百足七萬餘籮當得七萬餘緡省以充漕計厥後張南軒為帥乃請于朝以三分鹽息予諸州而免諸州民户苗米每一石取二斗之耗後以諸郡實賣數奏請其額稍減

廣西鹽法

廣西土瘠民貧並邊多寇自儂智高平朝廷歲賜湖北衣絹四萬二千匹湖南絁一萬五千匹綿一萬兩廣東米一萬二千石提鹽司鹽一千五百觔韶州涔水場銅五十萬觔付本路鑄錢一十五萬緡總計諸處贍給廣西凡一百一十餘萬緡祖宗葢以廣右西南二邊接近化外養兵積威不可不素具故使常有餘力也自南渡以來廣西以鹽自給宣和五年已詔廣東西路各置提

舉官歲責鹽固無定額至是漕司乃得取其贏餘紹興八年詔二廣鹽通行客鈔專置提舉一員于廣州盡領兩路鹽事又以西路遠闊又令廣西提刑兼領西路鹽事時楊么擾洞庭淮鹽不通于湖湘故廣西鹽得以越界一歲責及八萬籮每籮一百觔朝廷遂為歲額每一籮鈔錢五緡歲得四十萬緡歸于大農內有八萬四千四百緡付廣西經畧司買馬三萬緡應副湖北靖州十萬緡以贍鄂州大軍餘悉上供于是漕計大屈無以備

邉乃取諸郡民間税米等第撥往邉州輸納别以錢和糴充諸郡歲計每一石而邉州止管税米宿兵歲餉二十三萬二千餘石而邉州止管税米一十一萬九千餘石故不免科撥他郡至紹興十一年民以病告乞將支移邉州米就本州納錢漕司上請從之每石折錢四緡足盡貯于漕司辛字庫用以支付邉州漕計大優議者謂邉米一石價止數百錢遂減至二緡緡而漕計及有餘也時淮鹽已通餘湖湘客鈔遂不登額提刑兼司

極力招誘歲止責及五萬籮鹽事言者又謂客鈔既不額不若復令漕司自責官鹽而除民折米和糴之擾于是廣西漕臣復領本路鹽事而東鹽不得入西路矣廣東鹽額大虧屢請于朝乞復通客鈔以為廣東產鹽多而食鹽少廣西鈔鹽少而食鹽東鹽鹽入西產往諸州有一水之便西路產鹽之州水陸不便畀時西路客人樂請東鹽占額為多今西路以鹽利自專則東鹽坐虧課額朝廷從其請又為廣西畫所以為歲計者曰舊額

廣東十萬籮廣西八萬籮增收鈔錢一緡省可得一十八萬緡省謂之漕計錢舊法廣西鹽戶納鹽一籮官支本錢一千八百足後為官吏侵刻止支二三百今實支一千足官截取八百足謂之存留鹽本錢計西路八萬籮又得八萬二千緡省兩西路元額八萬籮客人入納四十萬緡省如是則通可得六十六萬二千緡盡付廣西漕司内取二十餘萬緡充買馬并罷靖州之費餘西十五萬餘緡以之充廣西歲計廣西舊額八萬籮止及

五萬今遂指為實賣之數又於上收增鈔錢刻減鹽本錢是以虛數較之實數歲當虧錢二十一萬六千緡此豈細事也哉范石湖作帥抗疏請復官賣其說曰官自賣鹽不過奪商人之利以利官而民無折米之患往日西路賣及八萬籮今為虛數矣只於實賣及五萬籮為率而榷以廣西鹽價每一觔以一百四十文足為率歲可得七十餘萬緡足計九十餘萬緡省霈乎其有餘矣其道約而易行其說簡而易明嚴抑配之法杜侵欺之

弊俾法久而不壞誠長利也朝廷始疑而後從之廣東申乞不已又為東路歲認發東鹽入界鈔錢之數二萬四千六百餘緡其議遂定然漕計優裕實范公之力也

經畧司買馬

自元豐間廣西帥司已置幹辦公事一員于邕州專切提舉左右江峒丁同措置買馬紹興三年置提舉買馬司于邕六年令帥臣兼領令邕州守臣提點買馬經幹一員置廨于邕者不廢也實掌買馬之財其下則有右

江二提舉東提舉掌等量蠻馬兼收買馬印西提舉掌
入蠻界招馬有同巡檢一員亦駐劄橫山寨候安撫上
邊則率甲兵先往境上警護諸蕃入界有知寨主簿都
監三員同主管買馬錢物產馬之國曰大理自杞特磨
羅殿毗那羅孔謝蕃藤蕃等每冬以馬叩邊買馬司先
遣招馬官賫錦繒賜之馬將入境西提舉出境招之同
巡檢率甲士往境上護之既入境自泗城州行六日至
橫山寨邕守與經幹盛備以往與之互市蠻幕譙門而

坐不與蠻接也東提舉乃與蠻首坐于庭上羣蠻與吾
六校博易等量于庭下朝廷歲撥本路上供錢經制錢
鹽鈔錢及廉州石康鹽成都府錦付經畧司為市馬之
費經司以諸色錢買銀及回易他州金錦綵帛盡往博
易以馬之高下視銀之重輕鹽錦綵繒以銀定價歲額
一千五百疋分為三十綱赴行在所紹興二十七年令
馬綱分往江上諸軍後乞添綱令元額之外凡添買三
十一綱蓋買三千五百疋矣此外又擇其權奇以入內

廐不下十綱馬政之要大畧見此

宜州買馬

馬産于大理國大理國去宜州十五程爾中有險阻不得而通故自杞羅殿皆販馬于大理而轉賣于我者也羅殿甚邇於邕自杞實隔遠馬自杞之人强悍歲常以馬假道於羅殿而来羅殿難之故數致爭然自杞雖遠於邕而乃邇於宜特隔南丹州而已紹興三十一年自杞於羅殿有爭乃由南丹徑驅馬直抵宜州城下宜人

峻拒不去帥司為之量買三綱與之約曰後不許此來自是有獻言于朝宜州買馬良便下廣西帥臣議前後帥臣皆以宜州近内地不便本朝隄防外夷之意可為深矣高麗一水可至登萊必令自明州入貢者非故迂之也政不欲近耳今邕州横山買馬諸蠻遠來入吾境内見吾邊面濶遠羈縻州數十為國藩蔽峒丁之强足以禦侮而横山負然邕在邕城七程之外置寨立關防引左右江諸寨丁兵會合彈壓買馬官親帶甲士以臨

之然後與之為市其形勢固如此今宜州之境虎頭關也距宜城不三百里一過虎關險阻九十里不可以放牧過此即是天河縣平易之地已逼宜城矣此其可哉

馬綱

蠻馬入境自泗城州至橫山寨而止馬之來也涉地數千里瘠甚蠻縛其四足抴仆之嗢鹽二觔許縱之旬日自肥矣官既買馬分定綱數經畧司先下昭賀藤容高雷化欽連宜柳融為潯鬱林州差見任使臣三十三人

前來横山押馬不足聽募寄居侍闕官常綱馬一綱五十疋進馬三十疋每綱押綱官一員將校五人醫獸一人牽馬兵士二十五人進馬綱則十五人蓋一人牽二馬也諸州差官兵既定押馬官借請贍家錢二百餘緡將校軍兵各有借請前往横山寨提點買馬司公參既領綱則自横山七程至邕州又十八程至經畧司公參呈驗綱馬經畧司覆量尺寸加以火印養之馬務以觀馬之羸壯體察押馬使臣之能否而進退之遂再分綱

責領發往行在或江上諸軍交納沿路州縣皆有馬務為之宿程有口食券草料為人馬之湏費旣至朝廷又有賞罸以勸懲之凡全綱不死損者押綱官轉一官減三年磨勘死損三分者有降官之罰其餘賞罰有差將校軍兵各以所牽馬為賞罸賞則補以階級不願則請錢罸則加杖而遣之然而押馬亦有法焉其法買鹽留以自隨每日晚以鹽數兩嚙之自然水草調而無疾此求全綱之法也大抵押馬乃武臣軍校速化之途而副

尉累以賞轉至正使者不可勝數

邕州横山寨博易場

蠻馬之來他貨亦至蠻之所齎麝香胡羊長鳴雞披氊雲南刀及諸藥物吾商賈所賫錦繒豹皮文書及諸奇巧之物於是譯者平價交市招馬官乃私置場于家盡攬蠻市而輕其征其入官場者什纔一二耳隆興甲申滕膺子昭為邕守有智數多遣邏卒於私路口邀截商人越州輕其税而留其貨為之品定諸貨之價列賈區

於官場至開場之日羣商請貨于官依官所定價與蠻為市不許減價先售悉驅譯者導蠻恣買遇夜則次日再市其有不售許執覆鹽官減價博易諸商之事既畢官乃抽解併收税錢賞信罰必官吏不敢乞取商亦無他縻費且無冒禁之險時邕州寬裕而人皆便之

邕州永平寨博易場

邕州右江永平寨與交阯為境隔一澗耳其北有交阯驛其南有宣和亭就為博易場永平知寨主管博易交

人日以名香犀象金銀鹽錢與吾商易綾綿羅布而去

凡來永平者皆峒落交人遵陸而來所費必貴細唯鹽麤重然鹽止可易布爾以二十五觔為一籮布以邕州武緣縣所產狹幅者其人亦淳朴非若永安州交人至欽者之狡若右江又有澫江柵與交阯蘇茂州為隣亦時有少愽易則澫江巡防主之

欽州愽易場

凡交阯生生之具悉仰于欽舟楫往來不絶也愽易場

在城外江東驛其以魚蚌來易斗米尺布者謂之交阯蜑其國富商來博易者必自其邊永安州移牒于欽謂之小綱其國遣使來欽因以博易謂之大綱所貴乃金銀銅錢沉香光香熟香生香真珠象齒犀角吾之小商近販紙筆米布之屬日與交人少少博易亦無足言唯富商自蜀販錦至欽自欽易香至蜀歲一往返每博易動數千緡各以其貨互緘踰時而價始定既緘之後不得與他商議其始議價天地之不相侔吾之富商又日

遣其徒為小商以自給而築室反耕以老之彼之富商頹然不動亦以持久困我二商相遇相與為杯酒歡久而降心相從儈者乃左右漸加抑揚其價相去不遠然後兩平焉官為之秤香交錦以成其事既博易官止收吾商之征其征之也約貨為錢多為虚數謂之綱錢每綱錢一千為實錢四百即以實錢一緡征三十焉交人本淳朴吾人詐之於權衡低昂之間其後至三遣使較定博易場秤邇年永安州人狡特甚吾商之詐彼也率

以生藥之偽彼則以金銀雜以銅至不可辨香則漬以鹽使之能沉水或鑄鉛于香竅以沉之商人率墮其數中矣

嶺外代答卷六　　宋　周去非　撰

器用門 舟楫附

端硯

余屢過端溪必登硯巖論之詳矣石品不一大槩有三曰巖石曰坑石曰黄步石巖上也坑次也黄步其下也凡此皆三品之上者論之耳若其不佳等為棄物不足論也黄步麤而有紋善柱墨亦善敗筆正可作良砥非

文房中所寶坑石有二南坑新坑南坑石眼青暗新坑石眼中有朱點而亦暗然皆體硬叩之鏗然雖細潤久則不宜於墨忽得一至潤良材乃復大奇雖巖硯無以遠過巖石有三上巖中巖下巖高在山之胷乳間曰上巖深入至與平地等曰中巖深入至水府曰下巖上巖石理澡渴中巖溫潤宜人歲久亦滑墨至于下巖則奇絶一世石理如玉望之似緼德君子循之則溜滑滋潤欲識其真要不可言傳也若夫山心石根𧰼藏深潤其

大如斗中有子石宜筆宜墨百年不枯蓋世之寶在是三巖者雖有三竅而中則相通其寘以高下定石之等耳人之深入也自竅口疊木為小級道委地曲折入于黃泉以數百人高下排比以大竹筒傳水以乾其洞然後續膏燭幽而施錐鑿其得之也可以為難矣是宜寶之

筆

廣西多閹雞羽毛甚澤人取其頸毛係而聚之以為筆

全類兔毫一枝直四五錢然毫短鋒齊軟而無力止宜細書苟字大半寸難書矣嶺外亦有兔其毫乃不堪為筆靜江府羊毫筆則絶佳盖馳深於深廣也

墨

容州多大松其人能製墨佳者一笏不盈百錢其下則一觔止直錢二百商人舉數則搭賣之交阯墨雖不甚佳亦不至甚腐交人以墨與角硯鴉筆併垂腰間

茶具

雷州鐵工甚巧製茶碾湯甌湯匱之屬皆若鑄就余以比之建寧所出不能相上下也夫建寧名茶所出俗亦雅尚無不善分茶者雷州方啜登茶奚以茶器為哉

螺杯

南海出大螺南人以為酒杯螺之類不一有哆口而圓長者曰螺杯有闊而淺形如荷葉者則曰瀲灧杯有剖半螺色紅潤者曰紅螺形有形似鸚鵡之睡朱喙綠首者曰鸚鵡杯

羽扇

靜江人善捕飛禽即以其羽為扇凡扇必左羽取羽張之以線索繫住俟肉乾筋定乃可用鷙大禽也以其羽為扇長數尺黑色多風勇士用之頗壯觀鷺鷥羽潔白輕質而風細士夫多用之以膠漆塗其筋骨而丹之頗亦雅尚交阯人又用鸛羽以線編比羽管而別施柄其說謂交阯地多虵鸛能食虵虵聞鸛羽之氣必遠避之用鸛以却虵也

蠻刀

猺人刀及黎刀畧相類皆短刀而長靶黎刀之刃尤短以斑藤織花纒束其靶以白角片尺許如鷄尾飾靶之首猺刀雖無文飾然亦銛甚左右江峒與界外諸蠻刀相類刀長四尺而靶二尺一鞘而中藏二刀蓋一大一小焉靶之端為雙圓而相並峒刀以黒皮為鞘黒漆飾靶黒皮為帶蠻刀以褐皮為鞘金銀絲飾靶朱皮為帶峒刀以凍州所作為佳蠻刀以大理所出為佳猺刀黎

刀帶之於腰峒刀蠻刀佩之於肩峒人蠻人寧以大刀贈人其小刀必不與人蓋其日用須臾不可闕忽遇藥箭急以刀割去其肉乃不死以故不以與人今世所謂吹毛透風乃大理刀之類蓋大理國有麗水故能製良刀云

蠻甲冑

諸蠻甲冑皆以皮為之猺人以熊皮為甲冑其土有木葉似漆以之塗飾亦復堅善猺人之剽掠界冑者止數

人以為前行其餘悉袒裼亦足見其易與矣而靜江鄉民未嘗有甲所以望風而遁其間一二團聚有皮甲者猺人亦且避之自猺人而西南如南丹州邕州左右江峒夷至于外夷則甲冑咸矣諸蠻唯大理甲冑以象皮為之黑漆堅厚復間以朱縷如中州之犀毗器皿又以小白貝綴其縫此豈詩所謂貝冑朱侵者耶大理國之製前後掩心以大片象皮如龜殼其披膊以中片皮相次為之其護項以全片皮捲圈成之其他則小片如中

國之馬甲葉皆堅與鐵等而厚幾半寸嘗試之以弓矢將不可徹鐵甲殆不及也

蠻鞍

蠻人馬鞍與中國鞍不相遠但不用韉唯有橋鐙貼腿耳橋朱黑相漆如犀毗紋鐙如半靴藏足指其中葢猺人路險馬行荆棘懼傷足也貼腿以皮包下亦用氊以傳馬脊後鞦鏇木為大錢數十枚珠貫而繫之如騾驢然鞍皆大宜於馬脊但前橋差低耳

蠻弩

凡蠻猺之弩狀如中都之吃篁弩蓋不能彎弓而皆能踏弩也以燕脂木為之長六尺餘厚二寸博四寸許其長三尺餘厚止半寸不劃箭槽編架其箭于栝故名曰編架弩手箭剡竹為之或用小圓竹而皆有弩之箭戸鏃如鑿或如梟茨葉以軟皮為羽利于射高而不可以俯射則弓易軟矢易鈎非良材也宜州南丹等及邕州左右江之諸峒西南舊弩其製作畧同其弓材則良矣

唯南丹弩弓材為絶佳蓋南丹弩弓其材有五加木上也石木次也黄速樠又其次也燕脂木為下矣加木射愈近而激矢愈遠無末約之弊故名曰加石木膚理沉黒堅類鐵石黄速樠發矢聲鏗然也視燕脂木則力同而矢遠倍之矣余嘗聞吃笪小弩之利材之良與夫抹弦掇弦攧矢撅矢之技頗臻乎巧及聞静江猺人弩勁甚矢無空發古縣之民一聞虛弦之聲率皆奔潰因見彎弩即吃笪之大者耳

融劍

梧州生鐵最良藤州有黃崗鐵最易融州人以梧鐵淋銅以黃崗鐵夾盤煆之遂成松文刷絲工飾其製劍亦頗銛然終不可以為良

黎弓

諸猺皆以弩為長技唯南人以弓為長技技黎弓以木亦或以竹而弦之以藤類中州彈弓其矢之大其鏃也故雖無羽亦可施之於射近大抵黎弓正與倭弓相類

但倭弓長大而黎弓短小耳倭弓長丈許揠弓下梢手地平身射之手空矢長能以無羽之矣命中於百步之外黎人弓短矢重往者黎人跳梁官軍以竹弓禦之矢不能斃人大為黎人所輕彼特未遇吾勁弓耳然南方卑濕角弓易壞惟竹弓可用不勁也固宜若蠻峒之速櫑木加木石木天下之良材也誠得是木製以為弓雖角弓之勁有不能當者雖用以威天下可也

藥箭

溪峒弩箭皆有藥唯南丹為最酷南丹地產毒虺其種不一人皆合集醞釀以成藥以之傅矢藏之竹筒矢鏃皆重縮是矢也度必中而後發苟中血縷必死唯其土人是有解藥南丹之戰也人以甘蔗一節自隨忽爾中矢即噉蔗則毒氣為之少緩急歸繫身於木株而脉解藥少焉毒作身將奮擲於木株繫身不擲而死否則藥作而自躍於虛空隕地撲殺耳邕州溪洞以桄榔木為箭鏃桄榔遇血悉裂故其矢亦能害人

梧州鐵䥶

梧州生鐵在鎔則如流水然以之鑄䥶則薄幾類紙無穿破凡䥶既輕且耐久諸郡鐵工煆銅得梧鐵雜淋之則為至剛信天下之美材也

木蘭舟

浮南海而南舟如巨室帆若垂天之雲拖長數尺一舟數百人中積一年粮豢豕釀酒其中置生生於度外徑入阻碧非復人世人在其中日擊牲酣飲迭為賓主以

忘其危舟師以海上隱隱有山辨諸蕃國皆在空端若曰往某國順風幾日望某山舟當轉行某方或遇急風雖未足日已見某山亦當改方苟舟行太過無方可返飄至淺處而遇暗石則當瓦解矣盖其舟大載重不憂巨浪而憂淺水也又大食國更越西海至木蘭皮國則其舟又加大矣一舟容千人舟上有機杼市井或不遇便風則數年而後達非甚巨舟不可至也今世所謂木蘭舟未必不以至大言也

藤舟

深廣沿海州軍難得鐵釘桐油造舟皆空板穿藤約束而成於藤縫中以海上所生茜草乾而窒之遇水則漲舟為之不漏矣其舟甚大越大海商販皆用之而或謂要過磁石山而然未之詳爾今蜀舟底以柘木為釘蓋其江多石不可用鐵釘而亦謂蜀江有磁石山得非傳聞之誤

刳木舟

廣西江行小舟皆刳木為之有面濶六七尺者雖全成無罅免繻袽之勞釘灰之費然質厚遲鈍忽遇大風浪則不能翔多至沉溺要不若板船雖善不能為矣欽州競渡獸舟亦刳全木為之則其地之所産可知矣海外蕃船亦有刳木者則其為木何正合抱而已哉

柂

欽州海山有奇材二種一曰紫荊木堅類鐵石色比燕脂易直合抱以為棟梁可數百年一曰烏婪木用以為

大船之柂極天下之妙也蕃船大如廣厦深涉南海徑數萬里千百人之命直寄於一柂他産之柂長不過三丈以之持萬斛之舟獨可勝其任以之持數萬斛之蕃船卒遇大雨于深海未有不中折者唯欽産縝理堅密長幾五丈雖有惡風怒濤截然不動如以一絲引千鈞於山獄震頹之地直凌波之至寶也此柂一雙在欽直錢數百緡至番禺温陵價十倍矣然得至其地者亦十之一二以材長甚難海運故耳

蠻笠

西南蠻笠以竹為身而冒以魚鱣其頂尖圓高起尺餘而四圍頗下垂視他蕃笠其製似不佳然最宜乘馬蓋頂高則定而不傾四垂則風不能飐他蕃笠所不及也交阯有笠如兜鍪而頂偏似田螺之臀謂之螺笠以細竹縷織成雖曰工巧特賤夫之所戴爾

皮履

交阯人足躡皮履正是今畫羅漢所躡者以皮為底而

中施一小柱長寸許上有骨朶頭以足將指夾之而行
或以紅皮如十字倒置其三頭于皮底之上以足穿之
而行皆燕居之所屐也地近西方則其服飾已似之矣

服用門

緂

邕州左右江峒蠻有織白緂白質方紋廣幅大縷似中
都之線羅而佳麗厚重誠南方之上服也

布

廣西觸處富有苧麻觸處善織布柳布象布適人留遷而聞於四方者也靜江府古縣民間織布繫軸於腰而織之其欲他幹則軸而行意其必踈數不均且甚慢矣及買以食用乃復甚佳視他布最耐久但其幅狹耳原其所以然蓋以稻穰心燒灰煮布縷而以滑石粉膏之行梭滑而布以緊也

猺斑布

猺人以藍染布為斑其文極細其法以木板二片鏤成

細花用以夾布而鎔蠟灌于鏤中而後乃釋板取布投諸藍中布既受藍則煮布以去其蠟故能受成極細斑花炳然可觀故夫竹斑之法莫猶人若也

水細

廣西亦有桑蠶但不多耳得繭不能為絲煮之以灰水中引以成縷以之織細其色雖暗而特宜於衣在高州所產為佳

練子

邕州左右江溪峒地産苧蔴潔白細薄而長土人擇其尤細長者為練子暑衣之輕凉離汗者也漢高祖有天下令賈人無得衣練則其可貴自漢而然有花紋者為花練一端長四丈餘而重止數十錢捲而入之小竹筒尚有餘地以染真紅尤易着色厥價不廉稍細者一端十餘緡也

安南絹

安南使者至欽太守用妓樂宴之亦有贈於諸妓人以

絹一疋絹麤如細網而蒙之以綿交人所自着衣裳皆密絹也不知安南如網之絹何所用也余聞蠻人得中國紅絁子皆折取色絲而自以織衫此絹正宜折取其絲耳

氊

西南蠻地産綿羊固宜多氊毳自蠻王而下至小蠻無一不披氊者但蠻王中錦衫披氊小蠻袒裼披氊爾北氊厚而堅南氊之長至三丈餘其濶亦一丈六七尺摺

其濶而夾縫之猶濶八九尺許以一長氈帶貫其摺處乃披氈而繫帶于腰婆娑然也晝則披夜則卧雨晴寒暑未始離身其上有核桃紋長大而輕者為妙大理國所産也佳者縁以皁

吉貝

吉貝木如低小桑枝萼類芙蓉花之心葉皆細茸絮長半寸許宛如柳綿有黒子數十南人取其茸絮以鐵筋碾去其子即以手握茸就紡不煩緝織以之為布最為

善堅唐史以為古貝又以為草屬顧吉吉字訛草木物異不知別有草生之古貝非木生之吉貝耶將徼木以草字書以疑傳疑耶雷化廉州及南海黎峒富有以代絲紵雷化廉州有織匹幅長濶而潔白細密者名曰慢吉貝狹幅麤踈而色暗者名曰麤吉貝有絕細而輕軟潔白服之且耐久者海南所織則多品矣幅極濶不成端疋聯二幅可為臥單名曰黎單間以五彩異紋炳然聯四幅可以為幕者名曰黎飾五色鮮明可以蓋文書

几案者名曰鞍搭其長者黎人用以繚腰南詔所織尤精好白色者朝霞也國王服白氎王妻服朝霞唐史所謂白氎吉貝朝吉貝是也

蟲絲

廣西楓葉初生上多食葉之虫似蠶而赤黑色四月五月蟲腹明如蠶之熟橫州人取之以釅醋浸而擘取其絲就醋中引之一蟲可得絲長六七尺光明如煮成弓瑟之弦以之繫弓刀紈扇固且佳

婆衫婆裙

欽州村落土人新婦之飾以碎雜綵合成細毬文如大方帕各衫左右兩箇縫成袖口披着以爲上服其長止及腰婆娑然也謂之婆衫其裙四圍縫製其長丈餘穿之以足而繫于腰間以藤束腰抽其裙令短聚所抽於腰則腰特大矣謂之婆裙頭頂藤笠裝以百花鳳爲新婦服之一月雖出入村落虚市亦不釋之

食用門

酒

廣右無酒禁公私皆有美醖以帥司瑞露為冠風味藴

藉以備道全美之君子聲震湖廣此酒本出賀州今臨

賀酒乃遠不逮諸郡酒皆無足稱昭州酒頗能醉人聞

其造酒時採曼陁羅花置之甕面使酒收其毒氣此何

理耶賓横之間有古辣墟山出藤藥而水亦宜釀故酒

色微紅雖以行列日中數日其色味宛然若醇厚則不

足也諸郡富民多醖老酒可經十年其色深沉赤黑而

味不壞諸處道旁率沽白酒在靜江尤盛行人以十四錢買一大白及豆腐羮謂之豆腐酒靜江所以能造鉛粉者以糟丘之富也

茶

靜江府修仁縣產茶土人製為方銙方二寸許而差厚有供神仙三字者上也方五六寸而差薄者次也大而麤且薄者下矣修仁其名乃甚彰煮而飲之其色慘黑其味嚴重能愈頭風古縣亦產茶味與修仁不殊

食檳榔

自福建下四川與廣東西路皆食檳榔者客至不設茶唯以檳榔為禮其法斮而瓜分之水調蜆灰一銖許于蔞葉上裹檳榔咀嚼先吐赤水一口而後噉其餘汁少馬面臉潮紅故詩人有醉檳榔之句無蜆灰處只用石灰無蔞葉處只用蔞藤廣州又加丁香桂花三賴子諸香藥謂之香藥檳榔唯廣州為甚不以貧富長幼男女自朝至暮寧不食飯唯嗜檳榔富者以銀為盤置之貧

者以錫為之晝則就盤更嗽夜則置盤枕旁覺即嗽之中下細民一家日費檳榔錢百餘有嘲廣人曰路上行人口似羊言以蔞葉雜咀終日噍飼也曲盡噉檳榔之狀矣每逢人則黑齒朱唇數人聚會則朱殷遍地實可厭惡客次士夫常以自隨製如銀鋌中分為三一以盛蔞一盛蜆灰一則檳榔交趾使者亦食之詢之於人何為酷嗜如此答曰辟瘴下氣消食食久頃刻不可無之無則口舌無味氣乃穢濁嘗與一醫論其故曰檳榔能

下氣亦能耗氣肺為氣府居鬲上為華盖以掩腹中之穢
久食檳榔則肺縮不能掩故穢氣升聞于輔頰之間常
欲啖檳榔以降氣實無益於瘴彼病瘴紛然非不食檳
榔也

老鮓

南人以魚為鮓有十年不壞者其法以籮及鹽麪雜漬
盛之以甕甕口周為水池覆之以椀封之以水水耗則
續如是故不透風鮓數年生白花似損壞者凡親戚贈

遺悉用酒鮓唯以老鮓為至愛

異味

深廣及溪峒人不問鳥獸蛇蟲無不食之其間異味有好有醜山有鼈名蟄竹有鼠名鼦鶬鸛之足腊而煮之鱘魚之唇活而臠之謂之魚魂此其至珍者也至於遇蛇必捕不問短長遇鼠必執不別小大蝙蝠之可惡蛤蚧之可畏蝗蟲之微生悉取而燎食之房蜂之毒麻蟲之穢悉炒而食之蝗蟲之卵天蝦之翼悉鮓而食之此

與甘帶嗜痂何異哉甚者則煮羊胃混不潔以為羹名
曰青羹以試賓客之心客能忍食則大喜不食則以為
多猜抑不知賓主之間果誰猜耶顧乃鮓鸜哥而腊孔
雀矣

齋素

欽人親死不食魚肉而食螃蟹車螯蠔螺之屬謂之齋
素以其無血也海南黎人親死不食粥飯唯飲酒食生
牛肉以為至孝在是

買水沽水

欽人始死孝子披髪頂竹笠攜瓶甕持紙錢往水濵號慟擲錢于水而汲歸浴尸謂之買水否則隣里以為不孝令欽人日用以錢易水以充庖厨謂之沽水者避凶名也邕州溪峒則男女羣浴于川號泣而歸

嶺外代答卷七

宋 周去非 撰

香門

沉水香

沉水香自諸蕃國者真臘為上占城次之真臘種類固多以登流眉（桉石湖桂海虞衡志作丁流眉宋史作登流眉）所產香氣味馨郁勝於諸蕃若三佛齊等國所產則為下岸香矣以婆羅蠻香為差勝下岍香味皆腥烈不甚貴重沉水者但可

入藥餌交阯與占城鄰境凡交阯沉香至欽皆占城也海南黎母山峒中亦名土沉香少大塊有如繭栗角如附子如芝菌如茅竹葉者皆佳至輕薄如紙者入水亦沉萬安軍在島正東鍾朝陽之氣香尤醖藉清遠如蓮花梅英之類焚一銖許氣翳彌室翻之四面悉香至煤燼氣不焦此海南香之辨也海南自難得省民以一牛於黎峒博香一擔歸自差擇得沉水十不一二頃時香價與白金等故客不販而宦遊者亦不能多買中州但

用廣州船上蕃香耳唯登流眉者可相頡頏山谷香方率用海南沉香蓋識之耳若夫千百年之枯株中如石如杵如拳如肘如奇禽龜蛇如雲氣人物焚之一株香滿半里不在此類矣

蓬萊香

蓬萊香出海南即沉水香結未成者多成片如小立笠大菌之狀極堅實狀類沉香未入水則浮氣稍輕清價亞沉香剗去其背帶木者亦多沉水

鷓鴣斑香

鷓鴣斑香亦出海南蓬萊好箋香中槎牙輕鬆色褐黑而有白斑點點如鷓鴣臆上毛氣尤清婉

箋香

箋香出海南者如蝟皮漁蓑之狀蓋出諸修治香之精鍾於刺端大抵以斧斫以為坎使膏液凝沍於痕中膏液垂而下結巉巖如攢針者海南之箋香也膏液湧而上結平闊如盤盂者蓬萊箋也其側結者必薄名曰蠏

殻香廣東船上生熟速結等香當在海南箋香之下

衆香

光香出海北與箋香同多聚於欽州大塊如山石枯槎氣麤烈如焚松檜桂林供佛賓筵多用之　沉香出交阯以諸香草合和蜜調如薰衣香其氣温黁然微昏鈍　排草出日南狀如白茅香芬烈如麝香木亦用以合香諸香草無及之者　橄欖香出廣州及北海橄欖木節結成狀如黑膠飴獨有清烈出塵之意品格在黄

連楓香之上桂林東江有此居人採香賣之不能多得以純脂不雜木皮者為佳　欽香味猶淺薄其木葉如冬青而差圓皮如楮皮而差厚花黃而小子青而黑人以斧斫木為坎膏凝於痕遂採以為香香之為香良苦哉

零陵香

零陵香出猺峒及静江融州象州凡深山木陰沮洳之地皆可種也遂節斷之而𢦏（按說文𢦏傷也从戈才聲祖才切）其節隨

生矣矣春暮開花結子即可割薰以烟火而陰乾之商人販之好事者以為座褥卧薦相傳言在嶺南不香出嶺則香謂之零陵香者靜江舊屬零陵郡也

蕃梔子

蕃梔子出大國國佛書所謂薝蔔花是也海蕃乾之如染家之紅花也今廣州龍涎所以能香者以用蕃梔故也又深廣有白花全似梔子花而五出人云亦自西竺來亦名薝蔔此說恐非是

樂器門

平南樂

廣西諸郡人多能合樂城郭村落祭祀婚嫁喪葬無一不用樂雖耕田亦必口樂相之盖日聞鼓笛聲也每歲秋成衆招樂師教習子弟聽其音韻鄙野無足聽唯潯州平南縣係古龔州有舊教坊樂甚整異時有以教坊得官亂離至平南教土人合樂至今能傳其聲

猺樂器

猺人之樂有盧沙銃鼓胡盧笙竹笛盧沙之制狀如古

簫編竹為之縱一横八以一吹八伊嚘其聲銃鼓乃長

大腰鼓也長六尺以燕脂木為腔熊皮為面鼓不響鳴

以泥水塗面即復響矣胡盧笙攢竹於瓢吹之嗚嗚然

笛韻如常笛差短大合樂之時衆聲雜作殊無翕然之

聲而多繫竹筒以相團樂跳躍

腰鼓

静江腰鼓最有聲腔出于臨桂縣職由鄉其土特宜鄉

人作窯燒腔鼓面鉄圈出於古縣其地産佳鐵鐵工善煆故圈勁而不褊其皮以大羊之革南多大羊故多皮或用蚺蛇皮鞔之合樂之際聲響特遠一二面鼓已若十面矣

銅鼓

廣西土中銅鼓耕者屢得之其製正圓而平其面曲其腰狀若火籃又類宣坐而有五蟾分據其上蟾皆累蹲一大一小相負也周圍款識其圓紋為古錢其方紋如

腰狀若為人形或如球壁或尖如浮屠如玉林或斜如豕牙如鹿耳各以其環成章合其衆紋大類細如圓陣之形工巧微密可以玩好銅鼓大者闊七尺小者三尺所在神祠佛寺皆有之州縣用以為更點交阯嘗私買以歸復埋于山未知其何義也按廣州記云俚獠鑄銅為鼓唯以高大為貴面闊丈餘不知所鑄果在何時按馬援征交阯得駱越銅鼓鑄為馬或謂銅鼓鑄在西京以前此雖非三代彝器為鑄當三代時可也亦有極小

銅鼓方二尺許者極可愛玩類為士夫捜求無遺矣

桂林儺

桂林儺隊自承平時名聞京師曰静江諸軍儺而所在坊巷村落又自有百姓儺嚴身之具甚飾進退言語咸有可觀視中州裝隊仗似優也推其所以然盖桂人善製戲面佳者一直萬錢他州貴之如此宜其聞矣

白巾鼓樂

南人難得烏紗率用白紵為巾道路彌望白巾也北人

見之遽訝曰南瘴疾殺人殆比屋制服者歟又南人死亡鄰里集其家鼓吹窮晝夜而制服者反於白巾上綴少紅線以表之嘗聞昔人有詩云簫鼓不分憂樂事衣冠難辨吉凶人是

寶貨門

珠池

合浦產珠之地名曰斷望池在海中孤島下去岸數十里池深不十丈蜑人沒而得蚌剖而得珠取蚌以長繩

繫竹籃攜之以沒既拾蚌于籃則振繩令舟人汲取之沒者亟浮就舟不幸遇惡魚一縷之血浮于水面舟人慟哭知其已葬魚腹也亦有望惡魚而急浮至傷股斷臂者海中惡魚莫如刺紗謂之魚虎蜑所甚忌也蜑家自云海上珠池若城郭然其中光怪不可向邇常有怪物哆口吐翕固神靈之所護持其中珠蚌終古不可得者蚌滋生于城郭之外故可採耳所謂珠熟之年者蚌滋生之多也然珠生熟年百不一二耗年皆是也珠熟

之年蠻家不善為價冒死得之盡為黠民以升酒斗粟一易數兩既入其手即分為品等銖兩而賣之城中又經數手乃至都下其價遞相倍徙至於不貲採珠在官有禁州以廉名謂其足以戒貪也史稱孟嘗守合浦珠乃大還為廉吏之應二十年前有守甚貪而珠亦大熟雖物理無驗然此以清名至今彼與草木俱腐耳噫孰知孟嘗還珠之說非柳子厚復乳穴之說乎東廣海中亦有珠池偽劉置軍採之名媚州都死者甚多太祖皇帝

平嶺南廢其郡為靜江軍

蛇珠

乾道初欽州村落婦人黄氏曬禾棚屋上忽一物飛鳴而來墜其髻上復墜禾中光耀奪目盤旋不已就取乃一大珠是夜光怪滿室鄰里異之里正訪知而索焉不得聞之縣官其家懼取蒸熟光遂隱後欽有士人姓甯得以赴省萬錢賖買往都下賈胡嘆曰曰此蛇珠也惜哉甯以不售携歸還黄金其珠故在置之盤中猶有微

暈映盤

辟塵犀

欽人有往深山得大蜈蚣蛻一節尺餘堅如鐵石持歸鷄犬皆驚㥯隙日影更無霏埃有博物者曰是所謂辟塵犀者耶

琥珀

人云茯苓在地千年化為琥珀欽人田家鋤山忽遇琥珀初不知識或告之曰此琥珀也厥直頗厚其人特以

往博易場賣之交阯驟致大富

硨磲

南海有蚌屬曰硨磲形如大蚶盈三尺許亦有盈一尺以下者唯其大之為貴大則隆起之處心厚數寸切磋其厚可以為杯甚大雖以為瓶可也其小者猶可以為環佩花朶之屬其不盈尺者如其形而琢磨之以為杯名曰瀲灩則無足尚矣佛書所謂硨磲者玉也南海所產得非竊取其名耶

龍涎

大食西海多龍枕石一睡涎沫浮水積而能堅鮫人採之以為至寶新者色白稍久則紫甚久則黑因至番禺嘗見之不薰不蕕似浮石而輕也人云龍涎有異香或云龍涎氣腥能發衆香皆非也龍涎于香本無損益但能聚烟耳和香而用真龍涎焚之一銖翠烟浮空結而不散座客可用一剪分烟縷此其所以然者蜃氣樓臺之餘烈也

大貝

海南有大貝圓背而紫斑平面深縫縫之兩旁有橫細縷陷生縫中本草謂之紫貝亦有小者大如指面其背微青大理國以為甲胄之飾且古以貝子為通貨又以為寳器陳之廟朝今南方視之與蚌蛤等古今所尚固不同耶

金石門

生金

廣西所在產生金融宜昭藤江濱與夫山谷皆有之邕州溪峒及安南境皆有金坑其所產多於諸郡邕管永安州與交阯一水之隔爾鵞鴨之屬至交阯水濱遊食而歸者遺糞類得金在吾境水濱則無矣凡金不自礦出自然融結於沙土之中小者如麥麩大者如豆更大如指面皆謂之生金昔江南遺趙韓王瓜子金即此物也亦有大如雞子者謂之金母得是者富固可知交阯金坑之利遂買吾民為奴令峒官之家以大斛盛金類

宅慱賽之戲一擲以金一杓為注其豪侈如此則其以金交結内外何所不可為矣古人欲使黄金與土同價者知本之言也

丹砂水銀

昔葛稚川為丹砂求為勾漏令以為仙藥在是故也勾漏令容州則知廣西丹沙非他地可比本草金石部以湖北辰州所產為佳雖今世亦貴之今辰沙乃出沅沙其色與廣西宜州所產相類色鮮紅而微紫與邕砂之

深紫黴黒者大異功效亦相懸絶蓋宜山即辰山之陽故也雖然宜辰丹砂雖良要非仙藥葛稚川不求川也嘗聞邕州右江溪峒歸德州大秀墟有金纏砂大如箭鏃而上有金線縷文乃真仙藥得其道者可用以變化形質試取以煉水銀乃見其異蓋邕州燒水銀當砂十二三觔可燒成十觔其良者十觔真得十觔唯金纏砂八觔可得十觔不知此砂一經火力形質乃重何哉是砂也取禾末而齒之色如鮮血誠非辰宜可見邕州溪

峒砂發之年中夜望之隱然火光滿山嗟夫稚川知之矣

煉水銀

邕人煉丹砂為水銀以鐵為上下釜上釜盛砂隔以細眼鐵板下釜盛水埋諸地合二釜之口于地面而封固之灼以熾火丹砂得火化為霏霧得水配合轉而下墜遂成水銀然則水銀即丹砂也丹砂禀生成之性有陰陽之用能以獨體化為二體此其所以為聖也然丹經

乃有真汞何哉余以為丹砂燒成水銀故已非真汞邕州右江溪峒歸德州大秀墟有一丹穴真汞出焉穴中有一石壁人先鑿竅方二三寸許以一藥塗之有頃真汞自然滴出每取不過半兩許所塗之藥今忘其名矣是色粉紅與水銀白青之色殊異其倍亦重於水銀嗟夫學先得此其至寶歟

銀朱

桂人燒水銀為銀朱以鐵為上下釜下釜如盤盂中置

水銀上釜如蓋頂施竅管其管上屈曲垂于外二釜亟蓋相得固臍既密則別以水浸曲管之口以火灼下釜之底水銀得火則飛遇水則止火熯體乾白變而丹矣其上曰頭朱次曰次朱次者不免雜以黃丹也

銅

史稱駱越多銅銀交州記曰越人鑄銅為船廣州記曰俚獠鑄銅鼓閒交阯及占城等國王所居以銅為瓦信知南方多銅矣今邕州有銅固無幾而右江溪峒之外

有一蠻峒銅所自出也掘地數尺即有礦故蠻人多用銅器嘗有獻說于朝欲與博易事下本路諸司謂且生邊釁詔罷之

銅綠

綠所在有之湖南之衡永廣東之韶廣西之邕皆有之蓋銅之苗裔也有融結於山巖翠綠可愛玩質如石者名石綠色鮮美淘取英華以共畫繪其次可飾棟宇文一種脆爛如碎土者名泥綠人不甚用

鉛粉

西融州有鉛坑鉛質極美桂人用以制粉澄之以桂水之清故桂粉聲聞天下桂人舊皆僧房罨造僧無不富邪僻之行多矣厥後經畧司專其利歲得息錢二萬緡以資經費羣僧乃往衡嶽造粉而以下價售之亦名桂粉雖其色不若桂然桂以故發賣少遲

鍾乳

静江多巖洞深者數里嵌穴之中或高不可踰或下不

可隧石脈滴水風所不及悉成鍾乳風之所及雖曰結乳色乃麤黃不甚入藥鍾乳之產也乳牀連延乳管倒垂漸銳而長滴瀝未已冰筯成列長者一二尺短者四五寸人以竹管仰揷而折取之煑以七復之重湯研以三旬之玉槌試之肌紋以觀其細澄之灰池而乾其體曰以烜之其色微輕紅直者細妙脈之刀圭淪肌浹髓凡乳通如鵝管中無鴈齒或破如爪甲文如蟬翼者上也本草所謂石鍾乳是也管無梢連石牀者商孽也乳

牀之石明潔如玉者孔公孽也三物本同種本草以石鍾乳居玉石上秩商孽孔公孽皆在中秩其功用必有優劣爾今廣西帥司所造鍾乳粉色二孽也所謂鵝管石蓋什之一二耳鍾乳所產亦自有異有石乳有竹乳有茅乳石乳者生於石山石液相滋化而為乳色如氷玉是為最凉竹乳者生于土石山洞其上生竹竹石相滋化而為乳其色稍青茅乳者生于土石山洞其上生茅茅液相滋化而為乳其色微黄皆可煮煉以為温藥

未煉之乳體性皆寒且有石毒惟假湯火之功去其毒性乃能療寒為溫以成上藥今本草註家謂石乳溫竹乳平茅乳寒此說恐未必然產乳之穴雖曰深遠未嘗有蛇虺居之本草註家又謂深潤幽穴龍蛇毒氣所成斯大謬矣凡煮煉乳水人或誤飲能使人失音其毒如此

滑石

靜江猺峒中出滑石今本草所謂桂州滑石是也滑石

在土其爛如泥出土遇風則堅白者如玉黑如蒼玉或琢為器用而潤之以油似與玉無辨者他路州軍頗愛重之貴人視之如土織布粉壁皆用在桂一觔直七八文而已

石鷰

石鷰生於石遇雷雨則震躍而出蓋陽氣之感今湖南永州所産絶佳色黄而頭紫翁翅脊了了然廣西象州江濱石中亦有之凡石中有嵌生如海蚶者極多非真石

鷩也

石蟹石蝦

海南州軍海濵之地生石蟹石蝦頭足與夫巨螯宛然蝤蛑之形也又有石蝦亦宛然蝦形皆藥物之所須也云是海沫所化理不可詰本草石蟹能療目而石蝦治療未詳

石梅

石梅生海中一叢數枝横斜瘦梗形色真槁梅也雖巧

花工造作所不能及根所附著如覆菌或云本是木質為海水所化

石栢

石栢生海中一榦極細上有一葉宛是側柏無踈無小異根所附著如烏欒大抵皆化為石矣此與石梅雖未詳可入藥與否然皆奇物也

欽定四庫全書

嶺外代答卷八

宋　周去非　撰

花木門 果實附 草附

桂

南方號桂海秦取百粤號曰桂林桂之所産古以名地今桂産於欽賓二州于賓者行商陸運致之北方于欽者舶商海運致之東方蜀亦有桂天其以為西方所資𫍲桂之用於藥尚矣枝能發散肉能補益二用不同桂

性酷烈易以發生古聖人其知之矣桂枝者發達之氣也質薄而味稍輕故傷寒湯飲必用桂枝發散救裏最良肉桂者温厚之氣也質厚而味沉芳故補益丸散多用肉桂今醫家謂桂年深則皮愈薄必以薄桂為良是大不然桂木年深愈厚耳未見其薄也以醫家薄桂之謬考於古方桂枝肉桂之分斯大異矣又有桂心者峻補藥所用也始剥厚桂以利竹棬曲刮取貼木多液之處狀如經帶味最沉烈於補益尤有功桂開花如海棠

色淡而葩小結子如小橡子取未放之蕋乾之是爲桂花宛類茱萸藥物之所綏而食品之所須也種桂五年乃可剥春二月秋八月木液多剥之時也桂葉𠤎木樨葉稍大背有直脈三道如古圭製然因知古人製字爲不茍云

榕

榕易生之木又易高大葉如槐輪囷蔭樾可覆數畝者甚多根出半身附幹而下龍龍抱持以入土故有榕木

倒生根之語四時結子葉脫亦無時隨落隨生春時亦
搖落滿庭禽鳥銜其子寄生它木上便鬱茂根鬚沿木
身垂下至地得土氣滋植盛壯久則過其所寄或遂包
裹之柳州柳侯廟庭前大榕有桄榔一株生其中相傳
以爲異知者以謂本榕子寄生桄榔上歲久反抱合之
非異也榕閩中亦有之

沙木

沙木與杉同類尤高大葉尖成叢穗小與杉異猺洞中

尤多劈作大板背負以出與省民博易舟下廣東得息倍稱

燕脂木

燕脂木堅緻色如燕脂可作鏇出融州及州峒桂林屬縣有之

思櫑木

思櫑木生兩江州峒堅入清水中百年不腐洞人及交阯以為弓弩標槍之材為天下最

檳榔

檳榔生海南黎峒亦産交阯木如棕櫚結子葉間如柳條顆顆叢綴其上春取之為軟檳榔極可口夏秋採而乾之為米檳榔漬之以鹽為鹽檳榔小而尖者為雞心檳榔大而匾者為大腹子悉下氣藥也海商販之瓊管收其征歲計居什之伍廣州税務收檳榔税歲數萬緡推是則諸處所收與人之所取不可勝計矣

桄榔

桄榔木似棕櫚有節如大竹青緑聳直高十餘丈有葉一
無枝蔭緑茂盛佛廟神祠亭亭列立如寶林然結子葉
間數十穗下垂長可丈餘翠緑點綴有如纓絡極堪觀
玩其根皆細鬚堅實如鐵鏇以為器恙成孔雀尾斑世
以為珍木身外堅内腐南人剖取其腐以為盛溜力省
而功倍溪洞取其堅以為弩箭沾血一滴則百裂於皮
裏不可撤矣不唯其木見血而然雖木葉一滴着人肌
膚即遍身如針刺是殆木性將行於氣血也歟凡木似

棕櫚者有五桄榔檳榔椰子夔頭桃竹是也檳榔之實可施藥物夔之葉可以蓋屋桃竹可以為杖椰子可以為菓蔬若桄榔則為器用而可以永久矣

椰子木

椰木身葉悉類棕櫚桄榔之屬子生葉間一穗數枚枚大如五升器果之大者惟此與波羅蜜耳初採皮甚青嫩已而變黃久則枯乾皮中子殼可為器子中瓤白如玉味美如牛乳瓤中酒新者極清芳久則渾濁不堪飲

竹

嶺南竹品多矣傑異者數種因録于後　斑竹本出全之清湘桂林屬縣皆有之初生時但點點淡青靨如苔痕久則青退而紫斑漸明中有疊暈江浙間斑竹直一沁痕而無暈也　澀竹一名思勞竹每一節上半猶是常竹其半篛膚麤澀視之似生細毛可以錯磨爪甲人取其澀處削成錯子黒漆其裏以相贈遺用久刓滑醋浸少頃火炙乾復澀矣老者彌澀然亦竒物邕州兩江

多有之　篛竹葉大且密畧如蘆葉穠陰鬱然它竹不逮節上出小筍籜破成枝春深根旁大筍才出經冬不已極易種　竻竹其上生刺南人謂刺為竻種之最易密久則堅甚新州素無城以此竹環植號曰竹城交阯外城亦種此竹　人面竹節密而凸橫斜相間每凸處突出長圓宛如人面近根之處幾百節密密相聚人亦採為拄杖　釣絲竹身葉皆類篛竹枝極柔弱垂下搖曳數尺如釣絲可愛筍瘦而白於食品最佳　箭竹山

中悉有之諸郡治兵器各自足用不求之嶺北桂林十二枝箭為錢二百則其簳賤可知矣

荔枝圓眼

荔枝廣西諸郡所産率皮厚肉薄核大味酸不宜曝乾非閩中比佳者莫如興化海南荔子可比閩中不及興化矣然廣西諸郡富産圓眼大且多肉遠勝閩中邕州唯官莊所産數根絶奇肉厚味長又當與興化皺玉比矣靜江一種曰龍荔皮則荔子肉則元眼其葉與味悉

兼二果色青時便熟後但微黄可蒸食如熟栗不可生
噉令人發癎多食能生疾與荔枝同時

紅鹽草菓

邕州取新生草菓入梅汁鹽漬令色紅暴乾薦酒芬味
甚高世珍之草荳蔻始結實如小舌即擷取紅鹽乾之
名鸚哥舌尤為難得一廬山茶鑵可貯五百枚

八角茴香

八角茴香出左右江蠻峒中質類翹尖角八出不類茴

香而氣味酷似但辛烈只可合湯不宜入藥中州士夫以為薦酒咀嚼少許甚是芳香

餘甘子

南方餘甘子風味過於橄欖多販入北州方實時零落藉地如槐子榆莢土人乾以合湯意味極佳其木可以制器欽陽所產為最蓋大如桃李清芬尤甚也世間百菓無不軟熟唯此與橄欖雖腐尤堅脆可以比德君子

南人有言曰餘甘一時熟獐一日肥其說蓋二物忽然

有異則餘甘熟一時頃而復生獐肥一日而復瘦也欽州靈山縣一士人姓甯其大父一日往山間忽見餘甘遍山如來禽紛熟飽餐快甚須臾便復青脆袖中猶攜數熟餘甘歸以示閭里至傳為異事

石栗

石栗殼厚硬白褐色圓形如橡子

杓栗

杓栗灰褐色正圓殼硬有柄似杓

蕉子

芭蕉極大者淩冬不凋中抽一幹節節有花如菡萏花謝有實一穗數枚如肥皁長數寸去皮取肉軟爛如绿柹極甘冷四季實以梅汁漬暴乾按匾所云芭蕉乾是也雞蕉則甚小亦四季實　芽蕉小如雞蕉尤香嫩甘美南人珍之非他蕉比秋初方實

烏欖

烏欖如橄欖青黑色肉爛而甘亦可作蔬茹梜差長其

中仁味鬆美薦酒泛茶皆珍相餽遺者獨以核致遠微暴乾椎取仁　方欖亦橄欖類三角或四角出兩江州峒

柚子

柚南州名臭柚大如瓜人亦食之皮甚厚糵極小打碑者捲皮蘸墨以代氈刷宜墨而不損紙頗便於用也

赤柚子如橄欖皮青而肉赤春實

百子

南方菓實以子名者百二十或云百子或云七十二子半是山野間草木實江淅山中木子亦有之猿狙所食非佳實也因録其識且可食者見于後　羅晃子殼長數寸如肥皁內有二三實如皁子亦如橄欖皮有七重煨食甘美類熟栗亦曰羅望子　木竹子皮色形狀全似大枇杷肉甘美微爛子亦似枇杷核秋冬間實半青黃時採食收藏至三四月不壞　人面子如大梅李生青熟黃核如人面兩目鼻口皆具肉甘酸宜蜜煎鏤為

細瓣去核按匾煎之微有橘柚芳氣南果之珍也　五
棱子按范成大桂海虞衡志作五棱子以義考之當從棱形甚詭異瓣五出如田
家碌碡狀皮黃甚薄味酸久則微甘朴切之或以蜜漬
始可食閩中亦有之謂之羊桃　黎朦子如大梅復似
小橘味極酸或云自南蕃來番禺人多不用醯專以此
物調羹其酸可知又以蜜煎鹽漬暴乾收食之　櫓罟
子大如半升椀諦視之數十房攢聚成毬每房有縫如
栢子之未裂攢結甚堅非刀斧不破冬生色青至夏紅

破其瓣食之微甘苗叢高丈許即成幹葉長如菱蘆刺生兩旁土人密植以為藩籬或乾其葉去刺以織席臥之摵摵有聲　搓檫子如錐栗殼中多白毛須搓檫而後可食肉甘而微澀　地蠶子生土中如小蠶又似甘露子而不尖味如棃藕而淡亦以薦酒　火炭子如烏李　山韶子色紅有刺肉如荔枝以下並夏實　部蹄子（按范成大桂海虞衡志作部蹄子）如黃大石榴　木賴子如淡黃大李　黏子如指面大褐色　千歲子叢生如青黃李味

甘　赤棗子如酸棗微長味酸生巖石上　藤韶子大如鳧卵蔕紅色以下並秋實　古米子殼黃中有肉如米粒二顆數十粒　殼子如青梅味甘　藤核子生白藤上如小蒲桃一穗數百枚淡黃色　木蓮子如胡桃皮殼皆紫褐色　蘿蒙子黃大如棖柚　特乃子狀似榧子而圓長亦類石蓮色褐有殼連殼蒸熟食之味稍淡　不納子似黃熟小梅絕易爛爛則皮肉附核核可為經珠似菩提子或云頃曾進入京師被黜故以名

羊矢子色狀全似羊矢味亦不佳中有小核　日頭子狀如櫻桃色如蒲桃穗生味極甘賔州尤多　秋風子色狀俱似楝子味酸澀邕州有之或名隨風子增城自有隨風子入藥非此類　黄皮子如小棗而甘酸佳味稍耐久可致遠　朱圓子正圓深紅可玩狀似苦楝子又似無蒂棠毬子微甘冬實　粉骨子皮黄肉如粉味酸　塔骨子匾如大橘皮裏空虛　布衲子似李而黄　黄肚子如小石榴皮乾硬如没石子枯堅如棘其上

點綴布生不甚堪食　蒲奈子狀似棗而差圓味酸甜其核可為數珠　水泡子生水濵小木白花似玉蝴蝶結子似金罌而黄白無刺味甘多液肉理輕虚如水泡然　水翁子生水濵大木葉似枇杷大如指面色紅而甘　巾斗子似海紅　沐浣子似棠毬色黄皮皺可浣衣　牛粘子即牛嬭也　天威子如橄欖而小鹽糝和之可以作鮓　石胡桃生如石其中肉無幾味與北胡桃畧同　頻婆果極鮮紅可愛佛書所謂唇色赤好如

頻婆果是也　木饅頭在中州蔓生枝葉間可以充藥物在南州則木生不生於枝葉而綴生於本身可以為菓實二物其形相類但蔓者肉薄多子未熟先落木生者肉厚中有飴蜜當其紅熟亦頗可口深廣難得佳菓公筵多用以備數人乃附會其說曰廣中公筵刻木為饅頭識其下曰某州公庫一樣若干斯言過矣

藤

藤梧州産大者可為胡牀小者圈為盤盂又其小而細

長者織以為籠篋卧簟耐久而文理可觀其葉則以為漁父之簑一領可終身用矣藤州州治之外嘗有古藤甚大故以名州

花藤

花藤在西融州藤中斕斑其花紋如攢銀杏葉或似牡丹花片照之透明乃鏇以為器用人多珍之

膽瓶蕉

膽瓶蕉一根唯一身離地寸許其身特大而其上漸小

至葉乃大開數長大翠緑正如膽缾中插數枝蕉葉也

亭館列植尤可愛玩亦名象蹄蕉言如象蹄然

水蕉

水蕉不結實南人取以為麻縷片乾灰煑用以織緝布

之細者一疋直錢數緡

紅蕉花

紅蕉花葉瘦類蘆箬中心抽條條端發花葉數層日拆

一兩葉色正紅如榴花荔子其端各有一點鮮緑尤可

愛花心有鬚蒼黑色春夏開至歲寒猶芳

南山茶

南山茶葩萼大倍中州者色微淡葉柔薄有毛結實如梨大如拳中有數子如肥皂子大别自有一種葉厚硬花深紅如中州所出者

素馨花

素馨花番禺甚多廣右絶少土人尤貴重開時旋掇花頭裝於他枝或以竹絲貫之賣於市一枝兩文人競買

戴

茉莉花

花莉花番禺亦多土人愛之以淅米漿日溉之則作花不絶可耐一夏花亦大且多葉倍常花六月六日又以治魚腥水一溉益佳

石榴花

石榴花南中一種四季常開夏中既實之後秋深復又大發花且實枝頭顆顆罅裂而其旁紅英粲然併花實

折飣盤筵極可玩

史君子花

史君子花蔓生作架植之夏開一簇一二十葩輕盈似海棠白與深紅相雜齊開此爲最異本草謂開時白久則紅蓋未詳也

添色芙蓉花

添色芙蓉花晨開正白已午微紅夜深紅歐陽文忠公牡丹譜有添色紅與此同意此花枝條經冬不枯有高

出屋者

豆蔻花

豆蔻多矣白豆蔻出南蕃草豆蔻出邕州溪峒而諸郡山間亦有豆蔻花最可愛其葉叢生如薑葉其開花抽一幹有𧞤包之𧞤去有花一穗蕊數十綴之悉如指面其色淡紅如蓮花之未敷又如葡萄之下垂范石湖嘗作詩有貫珠垂寶絡剪綵倒鸞枝之句南人取花漬以梅汁日乾之香味芳美極有風致余初見之意草寇而

未辛激人亦取其子為蜜菓

泡花

泡花南人或名柚花春來開蕊圓白如大珠既折則似茶花氣極清芳與茉莉素馨相逼番禺人採以蒸香風味超勝桂林好事者或為之其法以佳沉香薄片劈著淨器中鋪半開花與香層層相間密封之明日復易不可待花萎香蔫也花過乃已香亦成番禺人吳宅作心字香及瓊香用素馨茉莉法亦爾大抵浥取其氣令自

薰陶以入香骨實未嘗以甑釜蒸煮之

曼陀羅花

廣西曼陀羅花遍生原野大葉白花結實如茄子而遍生小刺乃藥人草也盜賊採乾而末之以置人飲食使之醉悶則挈篋而趍南人亦用爲小兒食藥去積甚峻

拘那花

拘那花葉瘦長略似楊梅夏開淡紅花一朶數十蕚繁如紫薇花辦有鋸文如剪金至秋深猶有之

水西花

水西花葉如萱草花黃夏開

裏梅花

裏梅花即木槿有紅白二種葉似蜀葵采者連蔕包裹黃梅鹽漬暴乾以薦酒故名

玉修花

玉修花粉紅色四季開

月禾

欽州田家鹵莽牛種僅能破塊播種之際就田點穀更不移秧其為費種莫甚焉既種之後不耘不灌任之於天地地暖故無月不種無月不收正二月種者曰早禾至四月五月收三月四月種曰晚早禾至六月七月收五月六月種曰晚禾至八月九月收而欽陽七峒中七八月始種早禾九十月始種晚禾十一月十二月又種名曰月禾地氣既暖天時亦為之大變以至於此

大蒿

大蒿容梧道中久無霜雪處蒿草不凋年深滋長大者可作屋柱小亦中肩輿之杠漕屬王仲顯沿檄失轎杠從者取道傍木代之行數里輒脆折恠視之蒿也古有蒿柱之說豈其類乎

都管草

都管草一莖六葉置室中辟蜈蚣蛇不敢入

蛆草

蛆草高一二尺狀如茅夏月揷一枝盤筵中蚊蠅不近

食物亦不逮廣柳州有之

銅鼓草

銅鼓草其實大者如瓜小者如萊菔治瘍毒醋磨塗之

石髮

石髮出海上纖長如絲縷淺綠色置食肴中極可愛然易爛而薄於味

匾菜

匾菜出海上細如荇帶匾如薤韭長一二尺亦宜盤筋

比石髮差有味筋靭可咀嚼

胡蔓草

廣西妖淫之地多産惡草人民亦稟惡德有藤生者曰胡蔓葉如茶開小紅花一花一葉揉其葉漬之水涓滴入口百竅潰血而死矣愚民私怨茹以自斃人近草側其葉自揺蓋其惡氣好攻人氣血如此將欲求死採其葉心嚼而水呑之面黑舌伸家人覺之急取抱卵不生雞兒細研和以麻油抉口灌之乃盡吐出惡物而甦小

遲不可救矣若欲驗之齒及爪甲青探銀釵咽中銀變青黑者是也人死焚尸次日灰骨中已生胡蔓數寸此等惡種火不能焚天之生物有如此者朝廷每歲下廣西尉司除胡蔓此亦人代天工之意勿謂其不可去而一不問也

欽定四庫全書

嶺外代答卷九

宋　周去非　撰

禽獸門

象

交阯山中有石室唯一路可入周圍皆石壁交人先置芻豆于中驅一雌馴象入焉乃布甘蔗于道以誘野象象來食蔗則縱馴雌入野象羣誘之以歸既入因以巨石窒其門野象饑甚人乃緣石壁飼馴雌野象見雌得

飼始雖畏之終亦狎而求飼益狎人乃鞭之以箠少馴則乘而制之凡制象必以鉤交人之馴象也正跨其頸手執鐵鉤以鉤其頭欲象左鉤頭右欲右鉤左欲却鉤額欲前不鉤欲象跪伏以鉤正案其腦復重案之痛而號鳴人見其號也遂以為象能聲喏焉人見其羣立而行列齊也不知其有鉤以前却左右之也蓋象之為獸也形雖大而不勝痛故人得以數寸之鉤馴之久久亦解人意見乘象者來低頭跪膝人登其頸則奮而起行

象頭不可俯頸不可回口隱於頤去地猶遠其飲食運動一以鼻為用鼻端深大可以開闔其中又有小肉夾雖芥子亦可拾也每以鼻取食即就爪甲擊去泥垢而後捲以入口其飲水亦以鼻吸而捲納諸口村落小民新篘熟野象逐香而來以鼻破壁而入飲人之大患也

象足如柱無指而有爪甲登高山下峻阪渡深水其形擁腫而乃捷甚交人呼而驅之似能與之言者責象之役一象不甚馴未幾病死呻吟數日將死回首指南而

斃其能正丘首如此是亦非凡獸也欽州境内亦有之象行必有熟路人於路傍木上施機刃下屬于地象行觸機機刃下擊其身苟中其要害必死將死以牙觸石折之知牙之為身災也苟非要害則負刃而行肉潰刃脱乃已非其要害而傷其鼻者亦死盖其日用無非鼻傷之則瘵不可合能致死也亦有設陷穽殺之者去熟路丈餘側斜攻土以為穽使路如舊而象行不疑乃墮穽中世傳象能先知地之虚實非也第所經行必無虚

土耳象目細畏火象羣所在最害禾稼人倉卒不能刺以長竹繫火逐之乃退象能害人羣象雖多不足畏惟可畏者獨象也不容於羣故獨行無畏遇人必肆其毒以鼻捲人擲殺則以足蹴人血透肌而以鼻吸飲人血人殺一象衆飽其肉唯鼻肉最美爛而納諸糟丘片腐之食物之一雋也象皮可以為甲堅甚人或條截其皮硾直而乾之治以為杖至堅善云

虎

虎廣中州縣多有之而市有虎欽州之常也城外水壕往往虎穴其間時出為人害村落則晝夜羣行不以為異余始至欽已見城北門衆逐虎頗訝之未幾白事提學司投宿寧越驛亭中率是虎跡余恠而問焉答曰吾輿妻子卧壁下虎夜掉尾擊吾壁以鼻嗅人氣垂涎不去比還欽時雨潦壞城虎入城負犬豕無虛夕因玩狎不復驚忽有虎晚入安遠縣衙坐戒石前守宿吏卒不以為意直相與揶揄之少焉緩步陟廳吏卒始散乃知

虎也

天馬

邕州溪峒七源州有天馬山山上有野馬十餘疋疾迅若飛人不能邇熙寧間七源知州縱壯馬于山後生駒駿甚自後屢縱迄不可得矣

蠻馬

南方諸蠻馬皆出大理國羅殿自杞特磨歲以馬來皆販之大理者也龍羅張石方五部蕃族謂之淺蕃亦產

馬馬乃大口項軟趾高真駑駘爾唯地愈西北則馬愈良南馬狂逸奔突難於駕馭軍中謂之拚命擡一再馳逐則流汗被體不如北馬之耐然忽得一良者則北馬雖壯不可及也此豈西域之遺種也耶是馬也一疋直黄金數十兩茍有必為峒官所買官不可得矣蠻人所自乘謂之座馬往返萬里跬步必騎馳負且重未嘗困乏蠻人寧死不以此馬予人蓋一無此馬則不可返國所謂真堪託死生者聞南詔越睒之西產善馬日馳數

百里世稱越賧駿者蠻人座馬之類也聞令溪峒有一黄淡色馬高止四尺餘其耳如人指之小其目如垂鈴之大鞍轡將來體起拳筋一動其韁倏忽若飛跳墻越塹在乎一喝此馬本蠻王騎來偶病黄峒官以黄金百兩買而醫之後蠻王再來見之嘆息欲以金二百兩買去匆予之矣嘗有一勢力者欲强取之峒官鑿裂其蹄然不害於行也此馬希世之遇何止來十一於千萬哉謂可必得害事多矣

果下馬

果下馬土産小駟也以出德慶之瀧水者為最高不踰三尺駿者有兩脊骨故又號雙脊馬健而善行又能辛苦瀧水人多孳牧歲七月十五日則盡出其所蓄會江上馳騁角逐買者悉來聚觀會畢即議價交易它日則難得矣湖南邵陽營道等處亦出一種低馬短項如猪駑鈍不及瀧水𥘉亦稀有雙脊者

蠻犬

蠻犬如獵狗警而猘諸蠻以馬互市於横山皆作茅舍野次謂之茅寮率攜一犬以自防盗莫敢近

猨

猨有三種金線者黄玉面者黑純黑者面亦黑金線玉面皆難得或云純黑者雄金線者雌又云雄能嘯雌不能也子能抱持其母牢不可拆人取之射殺其母取其子子猶抱母皮不釋獵猨者可以戒也猨性不耐著地著地輙瀉以死煎附子汁與之即止登木好以兩臂攀

枝上不甚用足終日纍纍然

白鹿

欽州平野多鹿中有一鹿大軀長角玉雪其色嘗墮蘇氏網羅幾擒而逸淳熈乙未二月有野婦把一白麛鬻於市太守鄭以錢七百得之日取生牛乳飼之長大乃雌爾然馴狎可愛鄭求得張曲江進白鹿故事作纍金羈絡掩尾之飾將以進呈而不遂然欽之白鹿自昔有之不足異也南方野鹿成羣望人不去近逼之而後走

性癡畏聞人氣人在上風其走必速下風則走遲獵者從下風逼射之

蜼

深廣山中有獸似豹常仰視天雨則以尾窒鼻南人呼為倒鼻鼊捕得則寢處其皮士夫珍之以藉胡牀今冕服所畫蜼是也夫獸能以尾窒鼻禦雨斯亦智矣其登於三代之服章厥有由哉

人熊

廣西有獸名人熊乃一長大人也被髮裸體手爪長鋭常以爪劃橄欖木取其脂液塗身厚數寸用以禦寒暑敵搏噬是獸也力能搏虎每蹺踔而行道遇一木根必拔去而後行登木而食橡栗必折盡而後已余夜宿昭州灘下聞山中拔木聲舟師急移舟宿遠岸問之曰人熊在山能即舟害人又云往年融州有人熊渡水人以為獸也拏舟刺之以鎗熊就水接鎗折之遂破人舟其在山中遇人則執人手以舌掩面而笑少焉以爪抉人

目睛而去嘗有人熊日坐于猺人之門猺人每投以飯因起機心以大木兩片緊合之中椓一栈令兩木中開次日人熊至見栈而怒跨坐拔去栈而兩木合正害其勢乃死猺人急去木以米泔洗地繼而雌至求雄莫辨所殺之處遂不為害不然雖猺人亦不可得而安居矣

山猪

山猪即毫猪身有棘刺能振發以射人三二百為羣以害苗稼州峒中甚苦之

花羊

花羊南中無白羊多黄褐白斑如黄牛又有一種深褐黑脊白斑全似鹿羣放山谷望之真鹿也肴饌中羊皮率青黯可憎以無白羊故也

綿羊

綿羊出邕州溪峒及諸蠻國與朔方胡羊不異有白黑二色毛如璽纊翦毛作氊尤勝朔方所出者

大狸

凡狸之類不一多有穴於城郭園林者其大倍猫身有黑點鳴號洶厲處處有之邕別有一種大貍其毛色如金錢豹但其錢差大耳彼人云歲久則為豹其文先似之矣此云可以寢及覆胡牀其大幾及豹也

風狸

風狸狀如黃猨食蜘蛛晝則拳曲如蝟遇風雨飛行空中其溺及乳汁主治風疾奇効有野夫籠一枚詣賓守劉仔任道晝伏不動夜則奔躍於籠中不休需錢五十

千劉笑郤之

仰鼠

欽州有鼠形如豬黑身白腹仰生土中攻土而行逆順前却迅疾難捕人見土面迤邐墳起即知其為鼠急以钁斷其前後夾掘而擒之不然一聞钁聲退而逝矣

香鼠

香鼠至小僅如指擘大穴於柱中行地上疾如激箭官舍中極多

石鼠

石鼠專食山豆根賓州人捕得以其腹乾之治咽喉疾效如神功用勝山豆根謂之石鼠肚

麝香

自邕州溪峒來者名土麝氣臊烈不及西香然比年西香多偽雜一臍化為十數枚豈復有香南麝氣味雖劣以不多得得為珍貨不暇作偽入藥宜有力

懶婦

懶婦世傳織婦慵懶者所化狀如山猪而小喜食禾苗田夫以機軸織紝之器掛田所則不復近安平七源等州有之

山獺

山獺出宜州溪峒俗傳為補助要藥峒人云獺性淫毒山中有此物凡牝獸悉避去獺無偶抱木而枯峒獠尤貴重云能解藥箭毒中箭者研其骨少許傅治立消一枚直金一兩人或來買但得殺死者功力甚劣抱木枯

者土人自稀得之徒有其說而已

山鳳凰

鳳凰生丹穴丹穴南方也今邕州溪峒高崖之上人跡不至之處乃有鳳凰巢焉五色成章大逾孔雀如今所畫而頭特大百鳥遇之必環列而立其頂之冠常盛水雌雄更飲未始下人間南人謂之山鳳凰石湖虞衡志云兩江深林有卵雄者以木枝雜桃膠封其雌于巢獨留一竅雄飛來食以飼之子成即發封不成窒竅殺之

此亦暴物

孔雀

孔雀世所常見者中州人得一則貯之金屋南方乃腊而食之物之賤于所産者如此膽能殺人以膽一滴露于酒盞之臂而酌以飲人亦死前志謂南方有大雀五色成文為鸞凰之屬孔者大也豈是物與

鸚鵡

占城産五色鸚鵡唐太宗時環王所獻是也案傳謂能

訴寒有詔還之環王國即占城也余在欽嘗于聶守見白鸚䳇紅鸚䳇白鸚䳇大如小鵝羽毛有粉如蝴蝶翅紅鸚䳇其色正紅尾如烏鳶之尾然皆不能言徒有其表爾欽州富有鸚哥頗慧易教土人不復雅好唯福建人在欽者時或教之歌詩乃真成閩音此禽南州羣飛如野鳥舉網掩羣以為鮓物之不幸如此

烏鳳

烏鳳如喜鵲色紺碧頸毛如雄雞鬃頭有冠尾垂二弱

骨各長一尺四五寸其杪始有羽毛一簇冠尾絶異大畧如鳳鳴聲清越如笙簫能度曲妙合宫商敎之精熟者至能終一闋又能為百蟲之音生左右江溪峒中極難得飼以生物故又難畜南方珍禽之尤然書傳未之紀當為難得人罕識云

秦吉了

秦吉了如鸜鵒紺黑色丹咮黄距目下連頂有深黄文頂毛有縫如人分髮能人言及咳嗽謳吟聞百蟲音隨

輙效學比鸚鵡尤慧大抵鸚鵡聲如兒女秦吉了聲則如丈夫出邕州溪峒中唐書林邑出結遼鳥林邑今占城去邕欽州但隔交阯疑即吉了也白樂天諷諫又自有秦吉了詩

翡翠

翡翠產于深廣山澤間穴巢于水次一壑之水止一雌雄外有一焉必挣界而死鬬人乃用其機養一媒擘諸左手以行澤中翡翠見之就手格鬬不復知有人也乃

以右手取羅掩之無能脱者邕州右江産一等翡翠其背毛悉是翠茸窮侈者用以撚織

鴈

鴈秋南春北謂之陽鳥吳中太湖雖盛夏亦有留鴈蓋太湖深處至涼且有魚蚌可戀也衡陽有回鴈峯云鴈至故不復南征余在靜江數年未嘗見一鴈益信有回鴈之説蓋靜江雖無瘴癘而深多多類淺春故鴈不至況于深廣常燠之地乎

靈鶅

邕州有禽曰靈鶅狀如啄木而差大巢于木穴生子其中人以木窒其穴鶅至無所歸乃至地禹步俄而所窒躍去乃得入穴其後以灰布地而窒其穴欲觀其步而效之鶅既步急以爪畫步而入穴人欲效之無由

骨噪

邕州有禽曰骨噪似竹雞生茅茨中人即其巢原本闕三字折其骨毋乃原本闕一字藥如馬腦大方寸許原本闕三字之骨

復能步人逐其母奪其葯竟不知（原本闕三字）以用但以囊盛藥為小兒辟惡久而藥亦復不見謹收不過（原本闕）

鴆

邕州溪峒深山有鴆鳥形如鴉而差大黑身紅目音如羯鼓唯食毒蛇鴆禹步遇蛇其聲邦邦然蛇入石穴鴆於穴外禹步有頃石碎吞之凡有鴆山草木悉枯鴆集于石其石必裂或云鴆秋冬脫羽人以銀作爪勾取致之銀瓶否則手爛欲加鴆於人以一羽致酒即死

春蟲

白鳥鶬鶊之屬秋則自北而南春則自南而北猶鴈然而地不同靜江府人謂之春蟲欽州蓋春蟲南歸之地也靜江之興安靈川縣其人善捕池塘平野高木淺林無非機穽春蟲北出必過二縣欲宿彷徨不敢下其捕法云先馴一春蟲爲媒則於水塘遍揷僞禽若啄若立之勢以爲之誘又於塘側跨水結小低屋以蔽人形每晩殺小蝦蟇數籃置之小屋中忽見春蟲羣飛縱媒誘

之以下其媒能前後邀截必誘入塘乃止噫此禽真賣友者耶春蟲既已下人乃入小屋中暗擲蝦蟇媒先來食人乃設機械暗於水中鉤其脚而取之其為械也製鐵鉤如鸛觜當其折曲處又折為小環如鵝目令稍缺可以鉤陷春蟲之脛於鉤之柄立小梃寸許以為暗行水中度春蟲近屋取食人以鐵鉤暗鉤其足脛微掣鉤令脛陷入小環而不得脫乃急於水裏拽入小屋挼其六翮復縱焉已不能飛姑留之以疑衆禽少留乃得以

次取之

鶉子

廣西海山多鶉雷化間羅為鮓至富也鶉乃海中黄魚所化成者黄魚當秋冬羽翼已化于水中俟北風拍岸遂登岸成鶉便能行入茅葦海南人捕得黄魚有半化為鶉者莊周鵾鵬之喻小大不同其義一也余嘗推其為物未有非類而能化者鳥魚皆生於陰豈非質異而性同歟

鬭雞

芥肩金距之技見於傳而未之覩也余還自西廣道番禺乃得見之番禺人酷好鬭雞諸番人尤甚雞之産番禺者特鷙勁善鬭其人飼養亦甚有法鬭打之際各有術數注以黄金觀如堵墻也凡雞毛欲疎而短頭欲竪而小足欲直而大身欲竦而長目欲深而皮厚徐步耽視毅不妄動望之如木雞如此者每鬭必勝人之養雞也結草為墪使立其上則足嘗定而不傾置米高於其

頭使聳膺高啄則頭常豎而觜利割截冠緌使敵雞無所施其觜翦刷尾羽使臨鬭易以盤旋常以翎毛攪入雞喉以去其涎而擲米飼之或以水噀兩腋調飼一一有法至其鬭也必令死鬭勝負一分死生即異蓋鬭負則喪氣終身不復能鬭即為鼎實矣然常勝之雞亦必早衰以其每鬭屢瀕死也鬭雞之法約為三間始鬭少頃此雞失利其主抱雞少休去涎飲水以養其氣是為一間再鬭而彼雞失利彼主亦抱雞少休如前養氣而

復鬬又為一間最後一間兩主皆不得與二雞之勝負生死決矣雞始鬬奮擊用距少倦則盤旋相啄一啄得所嚙牢不捨副之以距能多如是者必勝其主喜見於色蕃人之鬬雞乃又甚焉所謂芥肩金距真用之其芥肩也末芥子摻于雞之肩腋兩雞半鬬而倦盤旋伺便互刺頭腋下翻身相啄以有芥子能眯敵雞之目故用以取勝其金距也薄刃如爪鑿柄於雞距奮擊之始一揮距或至斷頭蓋金距取勝於其始芥肩取勝於其終

季孫於此能無懟耶小人好勝爲此凶毒使微物不得生自三代已然

長鳴雞

長鳴雞自南詔諸蠻來一雞直銀一兩形矮而大羽毛甚澤音聲圓長一鳴半刻

潮雞

廣州有潮雞潮至則啼身小足矮昔余襄公靖詩云客聽潮雞迷早夜人瞻颶母識陰晴是也

枕雞

欽州有小禽一種大如初生雞兒毛翎純黑項下有横白毛向晨必啼如雞聲而細人置之枕間以之司晨亦名曰鷄子余命曰枕雞

翻毛雞

雞翮翎皆翲生鸞彎向外雌雄皆然二廣皆有之

欽定四庫全書

嶺外代答卷十　　宋　周去非　撰

蟲魚門

蚺蛇

蚺蛇能食獐鹿人見獐鹿驚逸必知其為蛇相與赴之環而謳歌呼之曰妖妖徒架切謂姊也蛇聞歌即俛首人競採野花置蛇首蛇愈伏乃投以木株蛇就枕焉人握坎枕側蛇不顧也坎成以利刃一揮墮首于坎急壓以

土人乃四散食頃蛇身騰擲一方草木為摧既死則剝其皮以鞔鼓取其膽以和藥飽其肉而棄其膏蓋膏能痿人陽道也人謂大風油即稱蚺蛇膏非是夫蛇之死可謂愚矣然天地之間物理有不可曉者以蛇之大而甘受制誠愚然特其未見水耳彼一見水必夭矯其形不受制伏起而吞人雖不遇水有小兒在側亦忽吞之是其死也殆有機緘者存非蛇之愚也

六目龜

聞欽七洞有六目龜欣然異之因人求得乃真目之上有四僞目耳所謂僞目即頭上金黃花紋圓長中黑似目也然僞目與真目排比正正不偏無一不然亦足愛矣常龜養之不死是龜句日即死是殆不以龜養龜而然歟

蠵蠵瑁

欽海有介屬曰蠵大如車輪皮裏有薄殼十三片如蠵瑁令人用以爲笓刀筒子者是也蠵瑁背甲亦十三片

自然成斑紋世傳鞭血成斑斯言妄矣

蟺 音壇

欽州海濵有穴處水族曰蟺狀如龍而無角長五尺許蛋人得之縶而售諸市有管界巡檢劉昂者見而市之將烹同僚念其形之似神物也請縱之江方其未得水則類死矣一得水則奮迅蹴蹈夭矯滅没波頭為起俄然而逝彼么麽其形而猶若是况真龍哉

鱘鰉魚

春水發生鱘鰉大魚自南海入江至潯象之境龍門之下或為漁網所得余東歸將至番禺有蜑急棹就舟繫二鱘鰉求售大者長六尺小者四尺修鼻侈腮口隱於頤身無細鱗上各有鋒刃與凡魚不同惻然念曰神龍之穉乃受制於人如此哉問所需幾何曰四百即市而縱焉始則舉首出水少焉揚鬐掉尾復舉首似顧悠然而逝矣

嘉魚

蒼梧大江之南山曰火山下有丙穴嘉魚出焉所謂南有嘉魚詩人之傳也嘉魚形如大鰣魚身腹多膏其土人煎食之甚美其煎也徒置魚于乾釜少焉膏溶自然煎熬不別用油為之自裹

河魚

左氏河魚腹疾語迄無定説余仕古縣常食市魚廚者曰此魚病肚不堪食剖視之滿腹黃水也後汎舟見一魚死于舟側舟人曰此魚病肚死矣問何謂病肚曰凡

物皆有疾魚在水無他疾惟病肚乃死因悟申叔時河魚之說

竹魚鰕魚

竹魚出灕水狀似青魚味如鱖魚鰕魚亦出灕水肉白而豐味似蝦而鬆美大抵南中魚品如鯉鯽者甚多而以鰕竹二魚為珍

鬼蛺蝶

鬼蛺蝶大如扇四翅共徑六七寸褐質間雜色晃然下

兩翅各有翠點尤光彩好飛荔枝上

黑蛺蝶

黑蛺蝶大如扇橘蠹所化翅墨黑而有翠純一行特為鮮明北人或名元武蟬

天蝦

南方有飛蟲有翅如飛蛾其尾如蜷蟀色白身長似小蝦然夏秋之間晚飛蔽天隨水人以長竹竿横江面使風約之如萍之聚早乃棹舟搏取縷肥肉合以為鮓味

頗美然此夜隨水次早即取乃可用稍遲一夕已脫而化矣

蜮

余在欽一夕燕坐見有似蜴蜥而差大者身黄脊黑頭有黑毛抱䟡籬之杪張頷四顧聳身如將躍也適有士子相訪因請問之答曰此名十時其身之色一日之内逐時有異口嘗含毒俟人過則射其影人必病余曰非所謂蜮者歟生曰然書傳所載即是物也未幾余染瘴

幾殆

古跡門

韶石

韶石山在韶州東北高七十丈闊一百五十丈昔虞舜登此石奏韶樂因以名州晉永和二年有飛仙遊其上張循州韶石圖有三十六石名因具于左 新婦石 毬門石 大禾倉石 小禾倉石 太平石 盤龍石 獅子石 侍石 上鱗魚石 下鱗魚石 帽子峯

石　鳳閣石　羅仙峯石　馬鞍石　四接石　使石
續石　三峯石　桃石　大香爐石　小香爐石　駱
駞石　奏樂石　樓閣石　寶蓋石　硯面石　虹霓
石　朝仙峯石　覆船石　五羊石　圓石嵓　鐘石
石臼　石井

秦城

湘水之南靈渠之口大融江小融江之間有遺堞存焉
名曰秦城實始皇發謫戍五嶺之地秦城去靜江城北

八十里有驛在其旁張安國紀之以詩曰南防五嶺北防胡猶復稱兵事遠圖桂海氷天塵不動誰知壠上兩耕夫北二十里有險曰嚴關羣山環之鳥道微通不可方軌此秦城之遺跡也形勢之險襟喉之會水草之美風氣之佳真宿兵之地據此要地以臨南方水已出渠自是可以方舟而下陸肖出關自是可以成列而馳進有建瓴之利勢退有重險之可蟠宜百粤之君委命下吏也

綠珠井

鬱林州博白縣古白州也晉石崇妾綠珠實生焉有井名綠珠云其鄉飲是多生美女異時鄉父老有識者聚而謀窒是井後生女乃不甚美或美必形不具深山大澤實生龍蛇掩井之人亦云智矣

古富州

古富州今昭州昭平縣在灕江之濱荆棘叢中止有三家茅屋及一縣衙其所謂三家市也有舟人登岸飲醉

遂宿茅屋家夜半覺門外托托有聲主人戒之曰毋開門此虎也奴起而視之乃一乳虎將數子以行今爲縣乃爾不知昔日何以爲州耶

銅柱

漢馬伏波平交阯立銅柱爲漢極西界唐馬總爲安南都護夷獠爲建二銅柱於伏波之處以明總爲伏波之嗣是銅柱在安南矣又唐何履先定南詔復立馬援銅柱按南詔今大理國則是銅柱復當在大理又占不勞

之地南有大浦有五銅柱山形若倚蓋西重巖東崖海

按占不勞今占城也然則銅柱又當在占城間欽境古

森峒與安南抵界有馬援銅柱安南人每過其下人以

一石培之遂成丘陵其說曰伏波有誓云銅柱出交阯

滅培之懼其出也又云交阯境内有數銅柱未知孰是

陟屺寺

欽州靈山縣東南三十里有武利場俗傳唐則天母氏

故里也去場不遠有陟屺寺遺址云則天念母為建寺

祈福之地猶有豐碑斷裂茅榛間字畫畧可辨其文則盧肇奉勅撰按則天父武士彠晉人母楊未詳家何地后得志封榮國夫人榮國卒后出珍幣建佛廬以徼福然則陟屺之説固苗裔矣惜肇碑剥落不可考也然亦可疑肇袁州人奮跡武宗朝去則天固遠將奉何勅作記耶

交阯

記曰南方曰蠻雕題交阯有不火食者矣交州記曰交

趾之人出南定縣足骨無節身有毛卧者更扶始得起余至欽見夫黑齒跣足皁其衣裳者人耳烏覩所謂無節身有毛者哉人言道州侏儒今道州人七尺而昭州恭城縣與道接畛間産一二侏儒竊意南定縣如恭城也不然豈其人足皆無節而能更相扶也間受戾氣遂以得名意當如此

儋耳

儋耳今昌化軍也自昔謂其人耳長至肩故有此號今

昌化曷嘗有大耳兒哉蓋南蕃及黎人人慕佛相好故作大環以墜其耳俾下垂至肩實無益於耳之長其竅乃大寸許

冰井火山

梧州城東有方井二冰泉清冽非南方水泉比也謂之冰井其南隔江有火山下有丙穴嘉魚生焉元次山嘗為梧州有火山無火冰井無冰之句

蠻俗門

蠻俗

蠻夷人物强悍風俗荒怪中國姑羈縻之而已其人往往勁捷能辛苦穿皮履上下山如飛其械器有桶子甲長槍手標偏刀遏原本二字牌山弩竹箭桄榔箭之屬民編竹苫茅為兩重山以自處下居雞豚謂之麻欄生理苟簡冬編鵝毛水綿夏緝蕉竹麻紵為衣摶飯掬水以食家具藏土窖以備寇掠土産生金銅鉛緑丹砂翠羽洞緂練布八角茴香草果諸藥各逐其利不困乏今黄姓

尚多而儂姓絶少智高亂後儂氏善良許從國姓今多姓趙氏宜州徼外西原黄峒武陽羣小蠻即唐黄家賊之地崇建南丹使控制之然莫氏家人亦有時相攻奪其刺史莫延甚逐其弟延廩而自立延廩奔朝廷謂之出宋凡州峒歸朝者皆稱出宋延甚淫酷不能服其類鄰永樂州王氏與為仇歲相攻官反為和解延甚恃此益驕不奉法至私刻經畧安撫司及宜州溪峒司印效帥守花書行移以嚇諸蕃落邊將常恭懷姦利與交通囊槖為代作

奏章冒至闕下不關白經畧司范石湖作帥捕劾以聞削籍竄之其後稍讋

獠俗

獠在右江溪峒之外俗謂之山獠依山林而居無酋長版籍蠻之荒忽無常者也以射生食動而活蟲豸能蠕動者皆取食無年甲姓名一村中推有事力者曰郎火餘但稱火歲首以土杯十二貯水隨辰位布列郎火禱焉經夕集衆往觀若寅有水而卯涸則知正月雨二月

旱自以不差諸蕃歲賣馬於官道其境必要取貨及鹽牛否則梗馬路官亦以鹽綵和謝之舊傳其類有飛頭鑿齒鼻飲白衫花面赤裩之屬二十一種今右江西南一帶甚多殆百餘種也唐房千里異物志言獠婦生子即出夫憊臥如乳婦不謹則病其妻乃無苦

入寮

邕州諸溪峒相為婚姻峒官多姓黃悉同姓婚也其婚嫁也唯以麤豪庸優為尚送定禮儀多至千人金銀幣

帛固無而酒鮓為多然其費亦云甚矣壻來就親女家於所居五里之外結草屋百餘間與居謂之入寮壻家以鼓樂送壻入寮女家亦以鼓樂送女往寮女之婢妾百餘壻之僕從至數百人結婚之夕男女家各盛兵為備少有所爭則兵刃交接成壻之後壻常袖刀而行妻之婢少迕其意即手殺之謂之逞英雄入寮半年而後婦歸夫家夫自入寮以來必殺婢數十而後妻黨畏之否則以為懦

掛劒

邕州溪峒之外西南有蠻其夫甚剛其妻甚怯夫婦異室妻之所居深藏不見人形夫過其妻必掛劒于門而後入其合夫婦之道夜期於深山不以行所居也云不如是則鬼物有顯誅

繡面

海南黎女以繡面為飾蓋黎女多美昔嘗為外人所竊黎女有節者涅面以礪俗至今慕而效之其繡面也猶

中州之笄也女年及笄置酒會親舊女伴自施針筆為極細花卉飛蛾之形絢之以遍地淡粟紋有皙白而繡文翠青花紋曉了工緻極佳者唯其婢使不繡邕州溪峒女使懼其逃亡則黥其面與黎女異矣

鼻飲

邕州溪峒及欽州村落俗多鼻飲鼻飲之法以瓢盛少水置鹽及山薑汁數滴於水中瓢則有竅施小管如瓶觜插諸鼻中導水升腦循腦而下入喉富者以銀為之

次以錫次陶器次瓢飲時必口噍魚鮓一片然後水安流入鼻不與氣相激既飲必噫氣以為涼腦快膈莫若此也正可飲水謂飲酒者非也謂以手掬水吸飲亦非也史稱越人相習以鼻飲得非此乎

飛駞

交阯俗上巳日男女聚會各為行列以五色結為毬歌而拋之謂之飛駞男女目成則女受駞而男婚已定

踏揺

猺人每歲十月旦舉峒祭都貝大王於其廟前會男女之無夫家者男女各辨連袂而舞謂之踏摇男女意相得則男咿嚶奮躍入女羣中負所愛而歸於是夫婦定矣各自配合不由父母其無配者姑俟來年女三年無夫負去則父母或殺之以為世所棄也

欵塞

史有欵塞之語亦曰納欵讀者畧之蓋未覩其事爾欵者誓詞也今人謂中心之事為欵獄事以情實為欵蠻

夷効順以其中心情實發其誓詞故曰款也乾道丁亥
靜江猺人犯邊范石湖檄余白事帥府與閒團結邊民
之事猺人計窮出而歸命乃詣帥府納款其詞曰某等
既充山職今當鈐束男姪男行把棒女行把麻任從出
入不得生事若生事者上有太陽下有地宿其翻背者
生男成驢生女成猪舉家絕滅不得翻面說好背面說
惡不得偷寒送煖上山同路下水同船男兒帶刀同一
邊一點一齊同殺盜賊不用此款並依山例山例者殺

之也他語甚鄙不可記憶聊記其所謂欸者如此

木契

猺人無文字其要約以木契合二板而刻之人執其一守之甚信若其投牒於州縣亦用木契余嘗攝靜江府靈川縣有猺人私爭赴縣投木契乃一片之板長尺餘左邊刻一大痕及數十小痕于其下又刻一大痕于其上而於右邊刻一大痕牽一線道合于右大痕又於正面刻為箭形及以火燒為痕而鑽板為十餘小竅各穿

以短稻穰而對結綯焉殊不曉所謂譯者曰左下一大痕及數十小痕指所論仇人將帶徒黨數十人以攻我也左上一大痕詞主也右一大痕縣官也牽一線道者詞主遂投縣官也刻為箭形言仇人以箭射我也火燒為痕乞官司火急施行也板十餘竅而穿草結綯欲仇人以牛十餘頭備償我也結綯以喻牛角云

打甈

溪峒及邕欽瓊廉村落閭不飲清酒以小甕乾醞為濃

糟而貯留之每觴客先布席于地以糟甕置賓主間別設水一盂副之以杓開甕酌水入糟插一竹管管長二尺中有關捩狀如小魚以銀為之賓主共管吸飲管中魚閉則酒不升故吸之太緩與太急皆足以閉魚酒不得而飲矣主飲魚閉取管埋之以授客客得吸飲再埋管以授主飲將竭再酌水攪糟更飲至甚澹而止其為壽也不別設酒主人妻子出而壽客妻先酌水入甕致詞以管授客飲已男若女迭酌水為壽客之多飲壽酒

也實多飲水耳名曰打甏南人謂甕為甏

抵鵶

自安南及占城真臘皆有肩輿以布為之製如布囊以一長竿舉之上施長篷以木葉鱗次飾之如中州轎頂也二人舉一長竿又二人策行安南名曰抵鵶安南使者黃縈以一抵鵶載一妾自隨凡使者至欽皆有涼轎釘鉸黑漆甚澤而兩竿盡短雨晴皆用之此蓋效中國為之也若其本國只用抵鵶爾

十妻

南方盛熱不宜男子特宜婦人蓋陽與陽俱則相害陽與陰相求而相養也余觀深廣之女何其多且盛也男子身形卑小顏色黯慘婦人則黑理充肥少疾多力城郭虛市負販逐市以贍一夫徒得有夫之名一夫而數妻妻各自負販逐市以贍一夫徒得有夫之名則人不謂之無所歸耳為之夫者終日抱子而遊無子則袖手安居羣婦各給茅散處任夫往來曾不之較至於溪峒

之首例有十妻生子莫辨嫡庶至於讎殺

捲伴

深廣俗多女嫁娶多不以禮商人之至南州竊誘北歸謂之捲伴其土人亦自捲伴不能如商之人徑去則其事乃有異始也既有桑中之約即暗置禮聘書于父母牀中乃相與宵遁父母乍失女必知有書也索之衽席間果得之乃聲言訟之而迄不發也歲月之後女既生子乃與壻備禮歸寧預知父母初必不納先以醨酒入

門父母佯怒擊碎之壻因請託鄰里祈懇父母始需索聘財而後講翁壻之禮凡此皆大姓之家然也若乃小民有女唯恐人不誘去耳往誘而不去其父母必勒女歸夫家且其俗如此不以為異也

鬭白馬

廣人妻之父母死壻致祭必乘馬而往以二髀棒手前導將至妻家駐馬以待妻家亦以二髀棒手對敵謂之鬭白馬壻勝則祭得入不勝則不得入故壻家必勝以

入其祭

迎茅娘

欽廉子未娶死則束茅為婦于郊備鼓樂樂迎歸而以合葬謂之迎茅娘昔魏武愛子蒼舒卒聘甄氏亡女合葬明帝愛女淑卒娶甄氏亡孫合葬欽之迎茅娘夷風也曹氏父子直為冥婚豈足尚哉

志異門

天神

廣右敬事雷神謂之天神其祭曰祭天蓋雷州有雷廟威靈甚盛一路之民敬畏之欽人尤畏圜中一木枯死野外片地草木萎死悉曰天神降也許祭天以禳之苟雷震其地則又甚矣其祭之也六畜必具多至百牲祭之必三年初年薄祭中年稍豐末年盛祭每祭即養牲三年而後克盛祭其祭也極謹雖同里巷亦有懼心一或不祭而家偶有疾病官事則鄰里親戚衆尤之以爲天神實爲之災

聖佛

南海諸蕃國皆敬聖佛相傳聖佛出世在真臘國之占里婆城聖佛女子也有夫渡海而舟為龍王所蕩乃謂龍王曰使我登岸當歲生一子以奉龍王既海神送其舟于占里婆城乃顯神異人有慢輕必降禍焉人有所求必赴感焉人有自欺於前必報驗焉南蕃皆敬事之凡相爭者必相要質于聖佛前曲者不敢往也南蕃所居皆茅廬唯聖佛廟貌甚整黃金飾像四軀為四殿蓋

一佛而三夫也女巫數輩謂之夷婆廟多鼓舞血食無虛日每歲正月十三日設廬于廟前積禾于中請聖像出廟而焚禾以祭十四日聖佛歸廟二十日聖佛生子乃忽有一圓石出其身二十日夜舉國人民不寢以聽佛之生子明日國人皆奉珍寶犀象獻佛其所生子舁載而投諸海以奉龍王云六合之外妖祥恠誕愈多如此

寗諫議

欽州寧諫議廟去城數十里太守到任謁之雨暘不時禱之輒應六朝時有寧猛力據有其地隋朝因拜猛力為安州刺史然恃險驕倨自若也自令狐熙為桂州總管諭以恩信乃詣府請謁後熙奏改安州為欽州猛力欲隨使者何稠入朝而死其子長真葬畢即入朝乃以長真嗣為欽州刺史唐高祖授長真欽州都督長真死子據襲刺史然則諫議其猛力歟猛力最有功於欽欽人即其墓宅社而稷之置祭田數頃諸寧掌之至今尚

存諸寗今為大姓每科舉嘗有薦名者欽之祀無非滛祠唯諫議為正

武婆婆

廣右人言武后母本欽州人今皆祀武后也冠帔巍然衆神環坐所在神祠無不以武為尊巫者招神稱曰武太后娘娘俗曰武婆婆也

轉智大王

欽守陳永制名永泰熙寧八年交阯破欽死於兵先是

交人謂欽人曰吾國且襲取爾州以告永泰弗信交舟入境迅甚永泰方張飲又報抵城復弗顧交兵入城遂擒承制以下官屬於行衙曰不殺汝徒取金帛爾既大掠則盡殺之欽人塑其像于城隍廟祀之號曰轉智大王凡嘲人不慧必曰陳承制云

新聖

廣西凌鐵為變鄧運使擒之盖殺降也未幾鄧卒若有所覩廣西羣巫乃相造妖且明言曰有二新聖曰鄧運

使淩太保必速祭不然癘疫起矣里巷大讙結竹粘紙為轎馬旗幟器械祭之於郊家出一雞既祭人懼而散巫獨攜數百雞以歸因歲歲祠之巫定例云與祭者不得受胙故巫歲有大獲在欽為尤甚

雞卜

南人以雞卜其法一小雄雞未孳尾者執其兩足焚香禱所占而撲殺之取腿骨洗淨以麻線束兩骨中中以竹梃插所束之處俾兩腿骨相背於竹梃之端執梃再

禱左骨為儂儂者我也右骨為人人者所占之事也乃視兩骨之側所有細竅以細竹梃長寸餘者遍揷之或斜或直或正或偏各隨其斜直正偏而定吉凶其法有一十八變大抵直而正或附骨者多吉曲而斜或遠骨者多凶亦有用雞卵卜者焚香禱祝書墨於卵記其四維而煮之熟乃橫截視當墨之處辨其白之厚薄而定儂人吉凶焉昔漢武奉越祠雞卜其法無傳今始記之

茅卜

南人茅卜法卜人信手摘茅取占者左手自肘量至中指尖而斷之以授占者使禱所求即中摺之祝曰奉請茅將軍茅小娘上知天綱下知地理云云遂禱所卜之事口且禱手且掐自茅之中掐至尾又自茅中掐至首乃各以四數之餘一為料餘二為傷餘三為疾餘四為厚料者雀也謂如占行人早占遇料行人當在路此時雀已出窠故也日中占遇料則行人當晚至時雀至暮當歸爾晚占遇料則雀已入窠不歸矣傷者聲也謂之

笑面猫其卦甚吉百事歡欣和合疾者黑面猫也其卦不吉所在不和合厚者滞也凡事遅滞茅首餘二名曰料貫傷首餘三名曰料貫疾餘皆倣此南人卜此最驗精者能以時辰與茅折之委曲分别五行而詳説之大抵不越上四餘而四餘之中各有吉凶又係乎所占之事當卜之時或遇人來則必别卜曰外人踏斷卦矣余以為此法即易卦之世應揲蓍也嘗聞楚人篿卜今見之

南法

祝融之墟威靈所萃其間異法亦天地造化之流也巫以荆得名豈無自而然哉嘗聞巫覡以禹步呪訣鞭笞鬼神破廟殞竈余嘗察之南方則果有源流蓋南方之生物也自然稟禁忌之性在物且然況於人乎邕州溪峒有禽曰靈鶻善禹步以去窒塞又有鴆鳥亦善禹步以破山石有蜮日十二時能含毒射人影以致病以是觀之南人之有法氣類實然然今巫者畫符必為鴆項

之形亦可見其源流矣是故愈西南愈多詭異茫茫天地法各有本必有精于法者夫亦由自然而然非人所能為也

家鬼

家鬼者言祖考也欽人最畏之村家入門之右必為小巷升堂小巷右壁穴隙方二三寸名曰鬼路之側恐自此出入也人入其門必戒以不宜立鬼路之側恐妨家鬼出入歲時祀祖先即于鬼路之下陳設酒肉命巫致

祭子孫合樂以侑窮三日夜乃已城市中居民於廳事
上置香火別自堂屋開小門以通街新婦升廳一拜家
鬼之後竟不敢至廳云儻至則家鬼必擊殺之唯其主
婦無夫者乃得至廳

挑生

廣南挑生殺之以魚肉延客對之行厭勝法魚肉能反
生於人腹中而人以死相傳謂人死陰投於其家有一
名士嘗為雷州推官親勘一挑生公事置肉盤下俾因

作法以驗其術有頃發視肉果生毛何物淫鬼乃能爾也然解之亦甚易但覺有物在胷膈則急服升麻以吐之覺在腹中急服鬱金以下之此方亦雷州鏤版印散者蓋得之于囚也

蠱毒

廣西蠱毒有二種有急殺人者有慢殺人者急者頃刻死慢者半年死人有不快于己者則陽敬而陰圖之毒發在半年之後賊不可得藥不可解蠱莫慘焉乾道庚

辰欽州城東有賣漿者蓄蠱毒敗而伏辜云其家造毒婦人倮形披髮夜祭作糜粥一盤蝗蠱蛺蝶百蟲自屋上來食遺矢乃藥也欲知蠱毒之家入其門上下無纎埃者是矣今黎峒溪峒人置酒延客主必先嘗者示客以不疑也

罔兩

淳熙乙未正月朔罔兩見於融州融水縣治有人之影無人之形倮而披髮者無萬數有一手力持紙錢焚之

影競赴火又復散亂有頃乃没是日城外有神廟烟火自地出經日而滅一郡大驚鄭隕夢為融教官親見而言之是年融不開有異

柳州蜈蚣

柳州種甘堂頃年夜有光出柱上蠹穴中滿堂如月剔視見鱗甲大如鏡太守知異物集吏卒持斧鋋齊刺之有聲砉然破柱乃大蜈蚣長竟柱腦中得珠如鵝卵圓走盤光遂不見

桂林猴妖

静江府疊綵巖下昔日有猴壽數百年有神力變化不可得制多竊美婦人歐陽都護之妻亦與焉歐陽設方畧殺之取妻以歸餘婦人悉為尼猴骨葬洞中猶能為妖向城北民居每人至必飛石唯姓歐陽人來則寂然是知為猴也張安國改為仰山廟相傳洞内猴骨宛然人或見眼忽微動遂驚去矣

謄録監生臣許　蘭

圖書在版編目（CIP）數據

嶺外代答 / (宋) 周去非撰. — 北京：中國書店，2018.8

ISBN 978-7-5149-2046-8

Ⅰ. ①嶺… Ⅱ. ①周… Ⅲ. ①桂林 – 地方志 – 古代
Ⅳ. ①K296.73

中國版本圖書館CIP數據核字(2018)第080094號

四庫全書·地理類

嶺外代答

作者　宋·周去非 撰
出版發行　中國書店
地址　北京市西城區琉璃廠東街一一五號
郵編　一〇〇〇五〇
印刷　山東汶上新華印刷有限公司
開本　730毫米×1130毫米　1/16
印張　24
版次　二〇一八年八月第一版第一次印刷
書號　ISBN 978-7-5149-2046-8
定價　八八 元